文化传承发展

百人谈

陈岚 李鹏 主编

四川人民出版社

图书在版编目（CIP）数据

文化传承发展百人谈. 叁 / 陈岚, 李鹏主编.

成都: 四川人民出版社, 2025. 4. -- ISBN 978-7-220

-14094-5

Ⅰ. G122

中国国家版本馆 CIP 数据核字第 2025V24U96 号

WENHUA CHUANCHENG FAZHAN BAIREN TAN · SAN

文 化 传 承 发 展 百 人 谈 · 叁

陈 岚　李 鹏　主编

出 版 人	黄立新
策划统筹	陈蜀蓉
责任编辑	陈蜀蓉
装帧设计	李其飞
责任校对	喻小红
出版发行	四川人民出版社（成都三色路238号）
网　　址	http://www.scpph.com
E-mail	scrmcbs@sina.com
新浪微博	@四川人民出版社
微信公众号	四川人民出版社
发行部业务电话	（028）86361653　86361656
防盗版举报电话	（028）86361661
照　　排	成都木之雨文化传播有限公司
印　　刷	成都市火炬印务有限公司
成品尺寸	165mm×230mm
印　　张	19
字　　数	265 千
版　　次	2025 年 4 月第 1 版
印　　次	2025 年 4 月第 1 次印刷
书　　号	ISBN 978-7-220-14094-5
定　　价	89.00 元

《文化传承发展百人谈》编委会

赓续中华文脉的有益尝试

——《文化传承发展百人谈》编辑出版代序

文化，是一个国家、一个民族的灵魂。文化兴则国运兴，文化强则民族强。没有高度的文化自信，没有文化的繁荣兴盛，就没有中华民族伟大复兴。文化作为人类智慧的结晶，承载着历史的记忆，凝聚着民族的智慧，传承着世代的精神。文化是我们与过去连接的纽带，也是通向未来世界的钥匙。

2023年6月2日，文化传承发展座谈会在北京召开，习近平总书记出席会议并发表重要讲话。他强调，在新的起点上继续推动文化繁荣、建设文化强国、建设中华民族现代文明，是我们在新时代新的文化使命。要坚定文化自信、文化使命，奋发有为，共同努力缔造属于我们这个时代的新文化，建设中华民族现代文明。

以实践者所思所行、所感所悟，书写中华优秀传统文化在当下的保护传承尤其是创造性转化、创新性发展的"大格局"，当属新时代主流媒体的责任和义务。作为中共四川省委机关报，四川日报致力于做中华优秀传统文化的时代表达者和全媒传播者，从2023年9月起，四川日报全媒体策划推出了"文化传承发展百人谈"大型人文融媒报道。

文脉传承，弦歌不辍。记者奔赴全国各地，采访100位顶尖的专家学者、作家、艺术家和相关组织机构负责人，他们来自哲学、社会学、历史学、考古学、语言文学、艺术学等各个不同领域，拥有丰富的实践经验和深刻的思想洞见。以小见大，见微知著，他们的人生经历、从业实践和精神力量，是中华优秀传统文化传承发展的生动缩影。

观点鲜明，脑力激荡。每一次采访，每一篇文章，都是对一位大家思想精华的采撷和呈现，他们以自己的专业知识和独到见解，从不同侧面彰显中华优秀传统文化的丰富内涵，探讨文化保护传承，尤其是创造性转化、创新性发展的重要价值、面临的挑战和应对之策。这些思想的波涛澎湃奔涌，不仅展示"以文化人"的精神境界，更能奏响砥砺前行的铿锵足音。

该书的出版，是对诸位大家亲身参与、亲身见证文化传承发展的行动成果和思想结晶的一次集中展示。阅读这本书，可以感受到他们对文化传承发展的热情和责任感：他们不仅关注中华优秀传统文化的表象，更深入探讨其内涵和本质；他们的观点和建议，既有理论的高度，又具有实践的可操作性；他们的思想和实践，将激励更多人投身于文化传承发展事业中。

该书的出版，旨在以先行者、有为者的思想和实践作为参照，激发更多人对文化传承发展的责任感和使命感，唤起新时代文化工作者对文化传承发展的关注和重视。百位大家的深入探讨，可以振奋读者对文化传承发展的热爱和担当，从中汲取智慧和力量，致力于保护传承、发展创新、交流融合。

感谢在百忙之中接受采访并对稿件进行细致审校的大家们，感谢提供图片资料、给予意见建议以及参与讨论的朋友们，感谢同样对文化传承发展事业情之所钟并对该书予以精心编辑制作的出版社同仁们。

持炬火以汇聚万千气象，知来路以成就锦绣前程。传承不仅仅是对过去的守护，更是对未来的承诺。唯其如此，文化的血脉方能流淌不息，民族的精神方能永续长存。希望"文化传承发展百人谈"成为一扇窗口，让更多人了解和关注文化传承发展，以及这项事业的价值意义。让我们认真贯彻落实习近平文化思想，以传承为根基，以创新为动力，共同开启"古今以智相积"的中华优秀传统文化的新时代新篇章，为建设中华民族现代文明贡献绵薄之力。

《文化传承发展百人谈》编委会

2024年4月8日

目录
CONTENTS

文化传承发展

百人谈

41

提　要

- 什么是天文考古学？实际上就是我们对古人留弃的遗迹遗物的天文学研究，阐释古人的天文成就和古人的宇宙观

- 天文学的起源与文明的起源大致处于同一时期。因此，追寻天文学的起源也就意味着我们可以在某种程度上把握文明诞生和发展的脉络

- 最大的信是什么，就是时间。用信作为核心去修养自己，就产生了中华文明最核心的道德思想

- 要传承我们的文化，实际上首先讲的是文化自信、文化认同，这是很重要的

冯时 ｜ 著名考古学家、古文字学家

　　冯时，北京人，著名考古学家、古文字学家，中国社会科学院学部委员，中国社会科学院考古研究所研究员。主要研究领域为古文字学和天文考古学，开创性地建立了中国天文考古学体系，建构了客观审视古代社会的知识背景和认识基础，为研究中华文明的起源开辟了新途径。著有《中国天文考古学》《百年来甲骨文天文历法研究》《文明以止：上古的天文、思想与制度》《中国古代的天文与人文》等专著。

天文学是人类探索自然规律、谋求生存繁衍的开端

在一个晴朗的夜晚，找一处没有灯火的开阔空间仰望星空，伸手指向银河，寻找"牛郎织女"、北斗七星，无疑是盛夏时节的一件趣事。但你可曾想过，在8000年甚至1万年前，当我们的祖先仰望同一片星空，却是一件关系到整个族群生死存亡的大事。

天文学，这个听上去与现代科技紧密相关的概念，在遥远的上古时代，其实是人类探索自然规律、谋求生存繁衍的开端。中国古人是怎么看天的？天文学对于中华文明的起源和发展有着怎样的意义？2024年6月，"文化传承发展百人谈"大型人文融媒报道记者在北京专访了中国天文考古学体系创立者，著名考古学家、古文字学家冯时。

◆ 因为一个"怎么评价都不过分"的重要发现
创建中国天文考古学体系

在中国考古界，对于古代天文学或者天文史学的研究可以追溯到很多年以前，过去也有考古学家通过古代墓葬中出土的天文学相关材料来研究重现古人的天文观。但是将天文考古学作为一个学科体系，制定其理论、方法和学术目标，进而到整个学科体系的构建，是从冯时开始的。

1982年，冯时毕业于北京大学历史系考古专业。最初从事考古研究，

冯时的兴趣是在古文字方面，研究金文、甲骨文等。在研究古文字时，冯时发现，如果不了解古代的历法，有很多史料是没法解释的。所以他开始将关注点放在研究商代的历法，也开始关注古代天文学方面的研究成果和新的考古发现。

1987年，一个重要的契机出现了。当年5月，河南濮阳西水坡发现了大规模的古墓葬群，尤其以仰韶文化遗存最为丰富。其中的45号墓经鉴定距今约6500年。墓主人的东西两侧分别摆有用蚌壳组成的龙虎图案，特别是龙的形象，是当时中国已知发现最早、体形最大、形态最逼真的龙形象，被誉为"中华第一龙"。西水坡遗址遗存的相关考古材料在1988年发表，冯时对这些材料进行了研究，并在次年发表的一篇文章中公布了自己的研究成果，立即在学界引起了震动。

后来在许多不同的场合或是研究成果中，冯时都提到过西水坡遗址，称其为"怎么评价都不过分"的重要发现。因为这些发现证实中国古人在天文学领域取得了令人叹为观止的成就。

以出土了"中华第一龙"的墓葬为例，它是西水坡遗址中自北向南的四组遗存中最北边的墓葬，从这里向南，每隔25米分别还有三组遗存。经过测定，这四组遗存严格地摆放在同一条子午线上。这显然不是巧合，而是证明当时的人们已经能够精确地测出子午线，完成对空间的规划。对于墓葬中由蚌壳组成的龙的形象，冯时认为，其代表着古代天文学里的二十八宿，东宫七宿中，角、亢、氐、房、心、尾六个宿组成的星象，特别是它与墓主人脚下，用蚌壳和两根人的胫骨组成类似北斗的形象，其方位关系与实际天象几乎完全一样。

孤证不立。1978年，在湖北随县发掘的战国时期曾侯乙古墓中，出土了一张现存最早的绘有二十八宿星象和名称的天文图。图中同样有北斗与龙虎，与西水坡遗址墓葬中的"星象图"内容完全一样。而这两图之间，时间相隔长达4000年之久。冯时感叹，历经4000年还能如此稳定地传承，可想而知这种传承有多么深厚。

从对西水坡遗址的研究开始，冯时逐渐认识到，濮阳西水坡原始宗教遗存的天文考古学研究对中华文明起源的探索具有特别的意义。因此，他立志要建立一个专门的学科，就叫中国天文考古学，从古人留弃的遗迹遗存遗物的天文学角度去重建中国上古文明。

但要建立一个学科体系并不是一件容易的事情。学科体系的理论基础是什么？研究方法是什么？学术目的是什么？主要的难题在哪里？冯时说，把这些问题都梳理好了以后，还要通过很多的个案研究来解释这些问题。"对个案研究我们今天有考古学的支持，有很多新的材料，帮助我们从实证角度，从史学考证研究来重建中国上古文明。"冯时说。

◆ 从己身文明的概念体系来梳理文明历史
探索构建一套新的中华文明的理论体系

最近几年，冯时的主要工作，一方面在中国社会科学院指导研究生，另一方面，他致力于探索构建一套新的中华文明的理论体系。这套体系不以西方文明为标准，而是源自对中国文化的自我认同。

过去，冯时从天文考古学的角度去重建中国历史，"实际上已经写了很多书，但是我觉得还不够。"冯时说，他最近刚刚写完一本新书，目前处于修订阶段，最迟在2025年内能够出版，书的题目叫《文明论》。

"重建中华文明自己的文明理论。"冯时说，在中国的文献里，在众多的实证材料里，都充分体现了中华文明自己的特点，"所以我花了差不多10万字的篇幅，来写了这么一本书。"

近年来，我国推动中华文明探源工程等重大工程，研究成果证实了我国百万年的人类史、一万年的文化史、五千多年的文明史。而在冯时看来，五千多年的中华文明史或还可以推得更早。

"这涉及我们怎么去定义中华文明。"冯时说，西方评判文明以诸如什么时候有文字、青铜器的发明使用、城市的构建形成等为标准。中国必须从己身文明的概念体系来梳理文明历史。例如在《易传》中，曾经多次谈到"文明"二字，例如"见龙在田，天下文明""文明以健，中正而应，君子正也""内文明而外柔顺"等，这些关于"文明"的概念，没有一条与西方对文明评判的标准"技术"相关。

冯时认为，技术进步与文明进步并不必然相关。他专门写了一篇文章，从知识论和宇宙观的角度探讨现代文明是否一定就优于古代文明，"这是一个很严肃的学术问题。"冯时特别提到了中国古代的知识论，他认为有两点非常重要。一个是格物致知，中国古人是通过对自然万物的观察分析，获取知识，天文观测就是这样，没有先入为主的观念。另一个是有限知识论。冯时认为，中国传统的知识论不是泛知识论，里面有伦理学的约束，留取精华，摒弃糟粕，因为知识并不一定都是好的。

"说到底天文考古学的研究，不只是解决古代天文学的问题。"冯时认为，通过天文考古研究去认识中国人所理解的"文明"，定义中华文明的概念，这些问题必须回归到中国自己的学术体系中解决，借助天文考古学的研究实现。对于更多的人来说，这些研究也并不是让我们陶醉在古人的灿烂辉煌中，"我们只有了解了古人的宇宙观，才有能力去反思今天的问题。"冯时说。

天文学的起源与文明的起源大致处于同一时期

记　者　首先想请您再普及一下，天文考古学是一门怎样的学问？

冯　时　考古学是通过古人留弃的遗迹和遗物来重建古代社会的历史。这个历史既包括物质文化的历史，又包括精神文化的历史。就精神文化历史的重建而言，天文考古学有得天独厚的作用。什么是天文考古学？实际上就是我们对古人留弃的遗迹遗物的天文学研究，阐释古人的天文成就和古人的宇宙观。天文学的起源与文明的起源大致处于同一时期。因此，追寻天文学的起源也就意味着我们可以在某种程度上把握文明诞生和发展的脉络。事实上，对于重建前文献时代的上古文明，天文考古学研究已成为不可或缺的重要手段。

比如时空知识，这是古人从猿进化到人以后最早形成的知识体系。通过考古发现，古人对空间和时间的划分依赖的正是原始朴素的天文学。中国古代的政治制度怎么建立的？王权是怎么形成的？还有中国古代的宗教观、祭祀制度、典章制度，甚至哲学以及科学思想，这些思想的起源，或许只有从天文学的角度去研究，才能正本清源，这就是天文考古学的意义。

记　者　天文考古学研究迄今，有哪些您认为非常重要的发现或成果？

冯　时　有一个考古资料，促使我完成了天文考古学学术体系的构建，那就是1987年发现的河南濮阳西水坡墓葬遗址。从今天来说，怎么评价都不过分，它太重要了。它是一个距今约6500年的原始宗教遗存，这个原始宗教遗存涉及中国上古文明的方方面面，包括它的知识领域、政治制度，包括宗教观、礼仪制度，甚至有哲学思想，是一个完整的东西。

在此之前，中国考古学那么多的发现都没有这样综合性的体现，所以这是一个非常伟大的发现，对于西水坡的研究是我建立中国天文考古学体系的重要基础。

冯时（左）接受四川日报全媒体记者专访

除此之外，我们还有很多很重要的发现。比如这两年我有一些新的研究成果，我们找到了最早的碑表，就是"立表测影"的表。我们已经把中国古代立表测影的历史，追溯到距今8000年前。我们还找到了在立表测影之前，人们去"候时定气"的律管，也就是在河南舞阳贾湖新石器时代遗址出土的那些被认为是骨笛的材料。实际上我研究后认为那是用来"候气"的律管。《说文·竹部》中写道：管，如箎，六孔。十二月之音。物开地牙，故谓之管。古人测定时间气候的方法有两种，"天效以影"和"地效以响"。"天效以影"用的是表，测日影。"地效以响"就是用律管，埋在地里候地气，叫"律管候气"，也叫"律管吹灰"。具体的做法史书中多有记载，即在密室内将不同规定长度的十二根律管，按地支十二方位埋入土内，上端与地面持平，管端充以葭莩灰，覆以薄绢，每当各月中气到时，相应的律管即灰冲绢飞出管外。十二律还涉及哲学观，也就是阴阳。中国古代十二律的律制里是有阴和阳之分的，这直接影响了中国哲学思想。这些思想我们今天通过考古材料证明，在8000年甚至更早以前就有了。

记　者　通过对天文考古学的研究，可能会颠覆一些以往的旧有认识吗？

冯　时　是的，我们通过一个新的角度去认识问题，就会有很多颠覆性的认识。举个例子，从知识体系上看，我们过去把中国天文学的起源、中算学的起源历史都估计得很晚。可是通过对距今约5500年前的红山文化遗址的发掘，其中用于祭天的圜丘和祭地的方丘等古代祭坛的研究，让我们重建了上古的宇宙观。这种宇宙观不是狭隘的，不是简单的天地形状的问题，而是天地人之间相互的关系，是一个文明知识的整体。例如红山文化的三圆祭坛，是三个同心圆组成的结构，就跟后来明代建的北京天坛一样。为什么是三个同心圆？我们研究发现，它与太阳每年的夏至、冬至和春秋分，在天空划出的三个不同的轨迹有关。可见在上古时期，中国古人就已经对太阳的轨迹有了精确的观测，并且历经5000多年传承下来。又例如"昆仑"，过去关于昆仑的理解，学术界意见分歧很大，很多人认为那不是中国本土的东西，都是西方来的。可我们从天文考古学的研究发现，昆仑就是源自中国本土的文化，它源于最早中国古人对于太阳的认识，衍生出昆仑的思想。三星堆也是这样，三星堆是传统的中国文化，但如果我们不懂得古代的天文观，有些东西就很难理解。你看三星堆里的神像，耳朵都有凸起的尖的，脑袋上也有凸起的尖的，那就是中国古代宇宙观中的"璇玑"，也就是上天之帝住的地方。神面上画了那些东西，代表着人和神明已经沟通了。这些原始的宗教观都和天文有非常密切的关系，所以我说，天文学是传统文化的起源。

记　者　所以您认为天文学对于中华文明的起源和发展有着非常重要的意义？

冯　时　是的。中国古代的天文学为什么发达？因为它服务于一种生产方式，就是农业。中国是以农为本的农业文明，必然造就天文学的发达。农业首先产生在四季分明的地区。四季分明的地区在很多时候是没有野生果实可以采摘的，人们的生存口粮没有保障，需要通过一种新的生产方式来解决这个问题，而农业的目的就是提供一种有保障的食

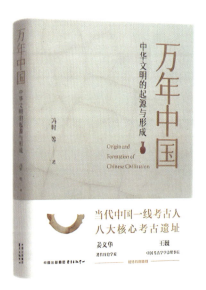

冯时出版的著作

物来源。

但是在四季变化分明的地区，原始的农业发展，什么时候播种就非常讲究了，如果错过了农时，可能一年就没有收获。而绝收会直接威胁到整个族群的生存。

所以发展农业文明的前提，就是必须对时间有所掌握。在几千年前甚至更早，人们解决时间问题只有一个方法，就是看天。在以农业为本的古代社会，天文历法知识具有首要的意义，所谓"观象授时"。古人观测天象的目的在于确定时间，从而为农业生产提供服务。而在那个时代，能够学会掌握天象的人是极少数的。谁能够把时间"授"给人们，谁就会被认为有与上天、与神明沟通的能力，谁就有资格成为族群的领袖，这也就逐步形成了中国古代的政治和王权。例如周朝时称"周天子"，就蕴含着君权天授的意义。

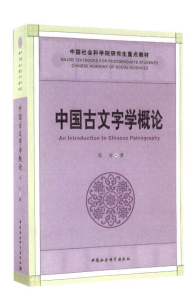

冯时出版的著作

记　者　天文考古学研究对于中华文明的传承发展有哪些现实意义呢？

冯　时　这关系到我们如何正确地理解中国文化，我说的是正确地理解。

中国文化、中华文明的历史太久了，传承至今，有源有流。里面有一些主线是不变的，还有一些流变是变的。我们怎么去客观认识这些东西的变与不变，怎么去判别流传下来的是与非？正本清源特别重要。如果我们不明白这个源有很多流变，这个是非我们是没有能力去判断的，这就是天文考古学对于我们重新认识中华文明的意义。

同时，我认为更重要的是对文明本身意义的认识。我曾经花了很多时间来论证这个问题，那就是中华文明本质上不在于技术。西方评判文明的标准，青铜器是技术，城市建设也是技术。而中国古人是"崇道德而贱技力"，不在于技术。

古代中国是崇道德，它的文明的核心思想就是道德，道德崇高就是文明，到今天还是这个样子。我们去定义一个文明人，一定是看他懂道德知礼仪，才说他是文明人。那么德是怎么来的呢？德的核心思想是"信"，信是中国古人最崇尚的道德。信又是怎么来的？信是观天来的，通过观象授时了解到的。因为长期的测时间，你会发现时间规律是永远不变的。春秋代序年年如此。更精确一点到四时，春分秋分、夏至冬至，基本上是固定不变的。所以古人把四时叫做"时"，就是不变的那个时间点。古人长期的观象授时，发现这种不变不是一两年，也不是一百年两百年，而是一千年都不变，逐渐就萌生出"信"的思想，古人说"至信如时"。最大的信是什么，就是时间。用信作为核心去修养自己，就产生了中华文明最核心的道德思想。所以我们必须从本质上去认识中华文明，必须正确地理解它。

记　者　那您认为当下中国文化的传承发展还面临着哪些挑战？

冯　时　要传承我们的文化，实际上首先讲的是文化自信、文化认同，这是很重要的。假如14亿人没有文化的认同，不认同自己的文化，认同别人的文化，这个国家就很危险。因此现在国家站在这样的一个高度来强调文化认同，这个很重要。

我们必须有一个文化的认同，才能够慢慢产生文化的自信，进而产生民族的自信。这个认同从哪儿开始？要从了解开始。了解文化就必须有一个正确的文化的传播、传承。中国文化已经很好了，古代文化非常灿烂。我们如果能把这样一个很好的文化、灿烂的文化忠实地传承下来，这已经是了不起的事情。中国古代的文明创造并没有因时间的久远而失去价值，在工业文明的今天，几千年前天人合一的宇宙观更凸显出其可持续发展的优秀理念，这对于重塑中华文明，重树民族自信与文化自信非常重要。

记　者　如果大众想要了解天文考古学，您有哪些著作可以推荐给他们？

冯　时　当时最早建立这个学科体系的书就叫《中国天文考古学》，后来我把天文考古学的研究推及到了文化方面，写过一本《中国古代的天文与人文》，这本书比较薄，读起来不那么费劲，可能接受的人会比较多。后来又写了一个比较大部头的，更全面地重建中华文明的宇宙观，这里说的宇宙观是天地人之间的相互关系。书名我借用了《易传》中的一句话，叫《文明以止》。这三部书可以说是我从天文考古学的角度去重建中华上古文明文化体系的代表性著作。

（付真卿）

文化传承发展
42
百人谈

提 要

● 马克思主义本身已进入、融入中国文化中，并逐步同中华优秀传统文化融为一个有机整体

● 中华优秀传统文化拓展了马克思主义的文化内涵。同时，马克思主义激活了中华文明的基因，推动了中华文明的生命更新和现代转型

● 中华民族现代文明是和社会主义的本质特征交织在一起的，并体现了中华民族的民族性

● 把马克思主义基本原理同中华优秀传统文化相结合，造就新的文化生命体，必将为建设中华民族现代文明提供精神支撑

● 中华民族现代文明不仅包含着中华民族的价值观念，而且体现着全人类的共同价值

杨耕　北京师范大学教授

　　杨耕，1982年毕业于安徽大学，获哲学学士学位；1986—1991年就读于中国人民大学，先后获哲学硕士、哲学博士学位。现任北京师范大学哲学学院教授、博士生导师，教育部社会科学委员会学部委员，第七届国务院学位委员会学科评议组（哲学）组长，中国辩证唯物主义学会副会长。曾任教育部普通高等学校马克思主义理论类专业教学指导委员会主任，北京师范大学党委常委、副校长。

　　在《人民日报》《光明日报》《求是》《中国社会科学》《哲学研究》等报刊上发表学术论文260余篇；出版专著20部，其中，《为马克思辩护：对马克思哲学的一种新解读》《重建中的反思：重新理解历史唯物主义》《东方的崛起：关于中国式现代化的哲学反思》等以英文、德文、俄文分别在英国、德国、美国、俄罗斯出版；获国家级教学成果奖、国家精品课程奖、中国出版政府奖图书奖等国家级奖8项。

担负新的文化使命，建设中华民族现代文明

　　"力图在当代实践、科学和哲学本身发展的基础上准确把握马克思哲学的本质特征，深刻阐述马克思哲学的基本观点，从而在理论上展现马克思哲学的当代价值。"2023年底，作为杨耕教授"重读马克思"的诚实记录和心灵写照，作为其学问人生高度凝练的《杨耕文集》一经出版，便受到理论界的高度关注。这套包括10部12册著作的文集，洋洋数百万言，研究对象只有一个——马克思主义哲学，目标就是一个——展示马克思主义哲学的当代价值。

　　作为颇具代表性和影响力的马克思主义哲学研究者之一，近50年来，杨耕之所以一直保持旺盛的思想活力，从根本上说，就在于他强烈的时代意识和现实关怀，即通过重读马克思实现对马克思哲学的重新发现，进而与时代对接。正如众多评论者所指出的那样，杨耕哲学研究的重要贡献，就是以重读马克思为基础，"以深刻的学理把握现实中的时代"。

　　在2023年6月2日的文化传承发展座谈会上，杨耕作了题为"以当代中国实践为坐标推进马克思主义基本原理同中华优秀传统文化相结合"的发言，引起了很大反响。

　　在接受四川日报全媒体"文化传承发展百人谈"大型人文融媒报道记者专访时，杨耕再一次强调，在新时代，我们必须担负新的文化使命，造就新的文化生命体，建设中华民族现代文明，创造人类文明新形态。

◆ 选择哲学
已经成为我书写生命的方式

"我的职业、专业和事业都是哲学。"但说起最初为何选择哲学，并进入马克思主义哲学研究领域，杨耕说："纯属偶然误入。"

1977年10月21日，《人民日报》上一则《高等学校招生进行重大改革》的消息如一声春雷响彻中华大地。这年冬天，杨耕和全国570万考生一道走进了考场，迎来改变命运的一刻。

"在上大学前，我是一名中学数学教师，所以，我最初的志向是报考数学。但在高考前夕，一位哲学先行者告诉我，哲学是一个智慧的王国，中国需要哲学，而你的天赋适合学哲学。"杨耕说，就是这次谈话，让他改变了最初的志向，选择了哲学。

1978年春天，作为恢复高考后的首届大学生，杨耕走进安徽大学哲学系。就在他入学3个月之际，在中国这片古老而广袤的土地上，发生了一场关于真理标准问题的大讨论。正是这次哲学大讨论彰显出来的马克思主义哲学的思想威力和理论魅力，吸引着杨耕走向马克思主义哲学。杨耕说："在众多的哲学体系中，我之所以选择马克思主义哲学，是因为马克思主义哲学不仅深刻地把握了社会发展的一般规律，而且深切关注着人本身的发展和价值。"

从1978年至今，杨耕一直在哲学领域里孜孜以求，探索跋涉。"如果说当初是我选择了哲学，那么，后来就是哲学选择了我。当我走进哲学这片神奇的土地时，我发现，这里不仅是一个关注规律的概念的王国，而且是一片承载人的价值的'多情'的土地。"

卢梭曾感叹过："人类的各种知识中最有用而又最不完善的，就是关于'人'的知识。"的确如此。人类最关心的是自己，但在很长的历史时期内最不了解的也是自己。哲学关注的恰恰是人在世界中的位置，关注的是人本身的价值和意义，而马克思哲学则实现了对人的终极关怀和现实关怀的双重关怀。"'人的问题'犹如一只'看不见的手'牵引着我走进哲学，走进马克思哲学的深处。"杨耕用诗一般的语言，形容他的哲学之旅，"今天，哲学已经融入我的生命活动中，成为我书写生命的方式，而马克思主义已成为我的信仰。"

是什么力量支撑他对马克思主义哲学进行如此持久、深入而广泛的研究？杨耕自己的回答是："责任与使命！"

"每一个时代有每一个时代的任务与课题，每一代人有每一代人的责任与使命。我们这一代学者的责任，就是要在当代实践的基础上重释马克思主义哲学；我们这一代学者的使命，就是要建构面向21世纪的、中国化的马克思主义哲学。"杨耕说。

◆ **提出议题**

重读马克思

如果把杨耕的哲学研究特点概括成一句话，那就是"重读马克思"。

为什么提出这样一个学术议题？杨耕说，重读马克思并不是无事生非、无病呻吟，而是当代实践、科学和哲学本身发展的需要。

杨耕指出，"重读"实际上是思想史上常见的现象。历史常常出现这样一种现象，即一个伟大哲学家的某个观点甚至整个学说往往在其身后、在经历了较长时间的历史运动之后，才能充分显示出它的内在价值，重新引起人们的关注，并促使人们"重读"。比如，黑格尔重读柏拉图，皮尔斯重读康德，歌德重读拉菲尔……一部哲学史就是后人不断"重读"前人的历史。马克思哲学的历史命运也是如此。20世纪的历史运动，资本主义的变化与社会主义的实践，苏联社会主义的失败与中国特色社会主义的成就，科技革命与金融危机……促使哲学家们不断地重读马克思。杨耕说："每当世界发生重大历史事件时，人们都不由自主地把目光再次转向马克思，重读马克思。"

于是，杨耕开始重读马克思，并在1995年明确提出"重读马克思"。

在重读马克思的过程中，杨耕把马克思哲学放到一个广阔的理论空间中去研究：从马克思哲学延伸到马克思主义哲学史、西方哲学史，又拓展到现代西方哲学、后现代哲学，从西方马克思主义延伸到苏联马克思主义，最后又返回到马克思哲学。同时，他进行了政治经济学、当代社会发展理论的"补课"。这是因为，马克思哲学是在哲学批判和政治经济学批判双重批判的过程中产生的，而唯物主义历史观本身就是一种社会发展理论，并在当代社会发展理论中得到了深化和拓展。

"经由这样一个不断深化的求索过程，我的面前便矗立起一座座巨大的思想英雄雕像群，我深深地体悟到哲学家们追求真理和信念的悲壮之美；我的脑海映现出一个哲学家和革命家完美结合的马克思，作为解释世界和改变世界、科学体系和价值体系高度统一的马克思哲学。""正是在马克思哲学中，我看到了一种对资本主义制度的彻底的批判精神，感受到一种探索社会发展规律的严格的科学精神，体会到一种对人类生存异化状态的深切的关注之情，领悟到一种追求人类解放、实现每个人全面而自由发展的强烈的使命意识。我深深地感受到，马克思仍然'活'着，并与我们同行；马克思主义哲学依然是我们这个时代的真理和良心，依然占据着真理和道义的制高点。"杨耕如此描述重读感悟。

重读马克思的过程中，杨耕并不是仅仅从文本到文本，从哲学到哲学史，而是从理论到现实，再从现实到理论。

在杨耕的观念中，哲学不能仅仅成为哲学家之间的"对话"，更不能成为哲学家个人的"自言自语"，哲学应当也必须同现实"对话"。"同现实'对话'，这是哲学得以存在和发展的根基。"

杨耕说，哲学的论证方式是抽象的，但哲学的问题都是现实的。"马克思主义哲学研究绝对不能像马克思所批判的那样，'醉心于淡漠的自我直观''若有其事地念着一些谁也听不懂的话'。马克思主义哲学研究必须关注现实、深入现实，以一种新的哲学理念引导现实运动，从而超越现实。"

这种时代意识和现实关怀，使杨耕始终关注着当代中国的改革开放和现代化建设，并在同现实的"对话"中重读马克思。

◆ **重建体系**
再现马克思哲学的本真精神

马克思并不是一个职业哲学家，因而并没有刻意构造一种哲学体系。但是，马克思的哲学观点的确具有内在的逻辑联系和理论体系，这种逻辑联系和理论体系就蕴含并镶嵌在他的哲学思想中。

"马克思哲学体系的独特性决定了不同时期、不同国家、不同派别的哲学家对马克思主义哲学体系有不同的理解和不同的建构，也决定了中国的马克思主义者需要重新思考和把握马克思主义哲学的体系，并从当代实践出发，重建马克思主义哲学体系，从而在理论上再现马克思哲学的本真精神。"正因为如此，从20世纪80年代开始，杨耕就开始关注马克思主义哲学体系的问题。用杨耕自己的话来说就是，"以当代实践、科学和哲学本身的发展为基础，以马克思、恩格斯的著作为理论依据，以'人类解放何以可能'为理论主题，建构一个实践唯物主义、辩证唯物主义、历史唯物主义高度统一、融为一体的马克思主义哲学体系，是我的'梦想'。"

杨耕对历史唯物主义的重释、对马克思主义哲学体系的重建及其基本论点无疑具有重要的创新性。早在2000年，就有学者指出，杨耕对马克思哲学的解读范式"提供了一种新的马克思哲学的理解途径，突破了传统的马克思主义哲学的理论框架，对于我国哲学体系的改革和建设具有突破性意义"。

从"误入"哲学到"钟情"哲学，从重读马克思到以实际问题为中心研究马克思主义再到让马克思"活"在当代……杨耕的哲学使命始终不渝："我的全部研究工作的根本目的，就是为中华民族伟大复兴作出自己应有的贡献。"

对人类文明最大的礼敬，就是创造人类文明新形态

"教化"是文化的独特作用和功能

记 者 我注意到，学者们喜欢谈物质文化、制度文化、行为文化，企业家喜欢谈文化市场、文化产业、企业文化，百姓们喜欢谈茶文化、酒文化、食文化……各种"文化"可谓层出不穷。您是如何理解文化的本质和作用的？

杨 耕 文化是相对于经济、政治而言的。就其本质而言，文化是观念形态，包括文学艺术、伦理道德、宗教信仰、哲学思潮、行为规范、风俗习惯等。文化就是文化，它不是经济，不是政治，也不是物质。

比如，你刚才提到的茶文化，实际上，茶本身不是文化，无论是四川的竹叶青，还是安徽的黄山毛峰，茶本身就是一种树叶，但饮茶方式有其特定的文化内涵，《红楼梦》中的"妙玉雅饮"与"刘姥姥牛饮"就体现了不同阶层的不同文化。从根本上说，文化是在人类改造自然的活动中产生的精神性产品，自然物质一旦被纳入人的活动范围，并经人们审美把握、艺术塑造、观念升华，就会成为文化。比如，木材本身不是文化，而是一种自然物质，但木雕是文化，这就是人们常说的"木质匠心"。

文化的本质是观念形态，属于精神领域，但文化的作用并不限于精神领域。在经济以及政治的决定作用下形成的文化，反过来渗透、熔铸在经济活动、政治制度、日常生活以及被纳入人的活动范围内的自然物质中。凡是人的活动，文化都在其中起着特殊的作用，发挥着独特的功能。如果用一个概念来概括文化的独特作用和功能，那就是：教化。文化正是通过对个人和社会的教化塑造个人、引导社会。所以，习近平总书记强调："注重发挥文以化人的教化功能，把对个人、社会的教化同对国家的治理结合起来。"

正因为具有教化功能，所以，文化具有凝聚社会力量的作用。社会的发展离不开社会力量的凝聚，社会力量的凝聚有赖于民族认同，民族认同主要来自文化认同。这是因为，文化提供的就是是与非、善与恶、美与丑等社会标准，因而能够凝聚国家的共同利益和人民的理想追求，能够形成强烈的感召力和向心力，从而使整个社会力量凝聚起来。正因为如此，文化变革往往是政治变革、社会变革的先导。文艺复兴运动为欧洲资产阶级革命"发声"，五四新文化运动为中国新民主主义革命"呐喊"。同时，

杨耕（左）接受四川日报全媒体记者专访

我们应当注意，文化变革的背后是经济发展和政治变革的要求，文化命运的背后是经济状况、政治走向和国家命运。毛泽东说得好，"一定形态的政治和经济是首先决定那一定形态的文化的；然后，那一定形态的文化又才给予影响和作用于一定形态的政治和经济。"

"第二个结合"的理论前提、理论依据

记　者　习近平总书记提出，把马克思主义基本原理同中华优秀传统文化相结合，造就一个有机统一的新的文化生命体。您是如何理解这一重大命题的？

杨　耕　这是一个具有时代性内涵的重大命题，不仅具有重大的政治意义，而且具有深刻的学理内涵。

把马克思主义基本原理同中华优秀传统文化相结合不是建立在抽象的"必须"上，而是确实存在这种结合的可能性。也就是说，不仅必须结合，而且能够结合。从总体上看，中国传统文化关注的是道德原则和伦理秩序，重在调整人与人之间的关系，由于人伦关系是人类社会中的普遍关系，因而中国传统文化中的某些规则就具有普遍性的一面，而且中国传统文化离它所维护的封建制度的距离越远，它的意识形态性质就越弱，它所蕴含的具有普遍性观点的现实意义就越凸显。因此，随着封建制度的衰亡和社会主义制度的建立，把中国传统文化转化为研究对象，对它进行科学研究、文化批判，达到客观理解的可能性也就越大。也正因为如此，我们能够把中华优秀传统文化从原有的观念系统中解析出来，在新的基础上加以重构。

马克思说过这样一句话，"中国的社会主义之于欧洲的社会主义，也许就像中国哲学跟黑格尔哲学一样具有共同之点"。中华优秀传统文化与马克思主义的关系同样如此，二者之间同样具有共同之点；正是这些共同之点使马克思主义与中华优秀传统文化具有契合之处。在我看来，这种共

同之点、契合之处正是把马克思主义同中华优秀传统文化相结合的理论前提、理论依据，是中华优秀传统文化能够同马克思主义相结合的内在规定性。

我们应当注意，把马克思主义同中华优秀传统文化相结合，是造就一个有机统一的新的文化生命体，而不是马克思主义基本观点与中华优秀传统文化的简单相加，这是外在的拼接；不是术语的简单转换、观点的简单对接，把"矛盾"换成"阴阳"、"规律"变成"道"、共产主义社会等同于大同社会，这是文字游戏、简单类比；更不是用中国传统文化去"化"马克思主义，建构所谓的"儒学马克思主义"，这是"中体西用"的翻版，即"中体'马'用"，其结果只能使马克思主义"空心化"。

我们应当明白，不是传统文化挽救了中国，而是中国革命的胜利使中国传统文化避免了同近代中国社会一道走向衰败；不是传统文化把一个贫穷落后的中国推向世界，而是改革开放和中国式现代化的巨大成就把中国传统文化推向世界，使中华优秀传统文化重振雄风有了可能。历史已经证明，背对现实实践和时代精神的传统文化无一不走向没落，只能作为思想博物馆的标本陈列于世，而不可能兴盛于世。

结合什么、如何结合取决于中国式现代化的实践

记　者　把马克思主义基本原理同中华优秀传统文化相结合，应当遵循什么原则？

杨　耕　一种文化的生命力不是抛弃传统，而是如何继承传统、再造传统。问题在于，对传统文化继承什么、批判什么，对优秀传统文化转化什么、发展什么。马克思主义和中华优秀传统文化结合什么、如何结合，这既不取决于马克思主义理论本身，也不取决于中华优秀传统文化本身，而是取决于马克思主义同中国具体实际相结合的实践，在今天，就是取决于中国式现代化的实践。

因此，我们应以中国式现代化为思维坐标、根本原则，对中国传统文化进行科学分析，分清优秀的方面与陈旧的方面，寻找中华优秀传统文化和马克思主义的共同之点、契合之处，进而对那些与马克思主义具有共同之点、契合之处的中华优秀传统文化进行创造性转化、创新性发展，并使二者融为一体，造就一个有机统一的新的文化生命体。

中华民族现代文明具有四个基本特征

记　者　习近平总书记强调，担负起新的文化使命，努力建设中华民族现代文明，创造人类文明新形态。在您看来，中华民族现代文明有哪些基本特征？

杨　耕　从总体上看，中华民族现代文明具有四个基本特征。第一个基本特征是，中华民族现代文明同社会主义本质特征交织在一起，并体现了中华民族的民族性。现代文明产生于现代化运动。从历史上看，现代化无疑是西方资产阶级发动的，而且到目前为止，已经实现现代化的国家基本上是资本主义国家。这就是说，现代化与资本主义化具有历史重合性。正因为如此，在这种现代化运动中生成的现代文明是资本主义文明。资本主义文明是和资本主义的本质特征交织在一起的，并体现了西方民族的民族性。中国式现代化是社会主义现代化，在这种现代化运动中生成的中华民族现代文明是社会主义文明。这就是说，中华民族现代文明是和社会主义的本质特征交织在一起的，并体现了中华民族的民族性。

第二个基本特征是，中华民族现代文明的精神支撑是新的文化生命体。文明不等于文化，但文明与文化又有内在的关联。文明是文化的社会结晶，文化是文明的精神支撑。把马克思主义基本原理同中华优秀传统文化相结合，造就新的文化生命体，必将为建设中华民族现代文明提供精神支撑。马克思主义来自西方，相对中国传统文化来说，马克思主义属于外来文化。但是，在马克思主义基本原理同中国具体实际相结合、同中华优秀传统文化相结合的过程中形成的中国化的马克思主义，则不仅属于马克思主义，而且属于中国文化。马克思主义不仅改变了中国，更重要的是，马克思主义本身已进入、融入中国文化中，并逐步同中华优秀传统文化融为一个有机整体。在这个过程中，中华优秀传统文化拓展了马克思主义的文化内涵。同时，马克思主义激活了中华文明的基因，推动了中华文明的生命更新和现代转型。中华民族现代文明正是以这样一种新的文化生命体作为精神支撑的。

第三个基本特征是，中华民族现代文明不仅包含着中华民族的价值观念，而且体现着全人类的共同价值。在现代，任何一个民族的文明要真正在人类文明的版图中占有重要位置，真正成为一种世界文明，就不仅要反映、体现自身的价值，而且要反映、体现全人类的共同价值。实际上，作为关于人类解放的学说，马克思主义本身就反映、体现、彰显了全人类的共同价值。在当今，随着科学技术信息化、交通工具高速化、交往网络

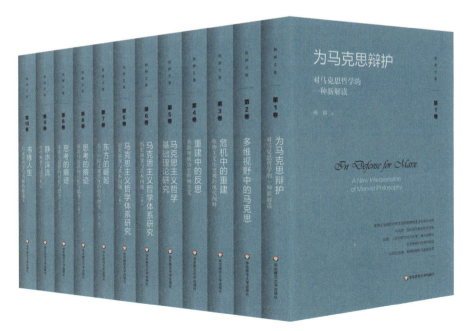

杨耕出版的著作

化、经济全球化，形成了你中有我、我中有你的人类命运共同体。建设中华民族现代文明就是既立足于中国实际，同时又面向人类命运共同体，因而必然要反映、体现、彰显全人类的共同价值。

第四个基本特征是，中华民族现代文明生成于中国式现代化的实践中。中国式现代化有一个显著特征，那就是，现代化是和改革同时启动、同步展开的，又几乎是和市场化同步进行的。当代中国实践活动的最重要特征和最重要意义就在于，在向世界的开放中，把现代化、市场化和社会主义改革这三重重大的社会变革浓缩在同一时空中进行，构成了一场前无古人、具有特殊内涵的新的实践活动。"三重变革""三位一体"使现代化、市场经济和社会主义制度之间形成一种相互制约、相互渗透、融为一体的关系，现代化、市场经济和社会主义制度由此都具有了新的内容，因而必将推动文明转型，必将赋予中华文明以现代内涵，必将创造人类文明的新形态。

在我看来，这就是中华民族现代文明的"现代"之所在，人类文明新形态的"新"之所在。

（王国平）

文化传承发展

百人谈

43

提　要

● 搞学术研究不能只埋头在故纸堆里，书本上的知识必须与实际调查中的发现结合起来才能有准确判断

● 蜀道是历史上连接关中盆地与成都平原，穿越秦岭、巴山，分布于川陕之间，因交流融合而形成的一系列官驿大道和文化交流道路的统称

● 正是蜀道的高效能使用，使得中国西部连通为一个实力雄厚的整体

● 蜀道深刻影响了古代中国的发展，在世界文明史上具有重要意义

● 蜀道和丝绸之路有重要关联，是丝绸之路研究不可忽视的学术主题

王子今

秦汉史专家、蜀道研究院咨询委员会主任

人物简介

　　王子今，著名秦汉史专家，中国人民大学荣誉一级教授，享受政府特殊津贴专家，著有《秦汉交通史稿》《史记的文化发掘》《中国女子从军史》《中国盗墓史》《古史性别研究丛稿》《秦汉史：帝国的成立》《秦汉边疆与民族问题》等60余部专著以及论文800余篇，获得国家社会科学基金项目优秀成果等多项学术奖励。主编《中国蜀道》《秦直道》《秦史与秦文化研究丛书》等，学术质量备受业界称道。2023年，王子今应邀出任蜀道研究院咨询委员会主任。

蜀道在世界文明史与世界交通史上都是特例

蜀道之上，广元千年古城昭化处处是景，步步皆画。"蜀道，在世界文明史与世界交通史上都是特例。"蜀道研究院咨询委员会主任王子今这样评价蜀道。

王子今是国内秦汉史研究专家，尤其对秦汉交通史钻研颇深。他的《秦汉交通史稿》是国内首部全面考察秦汉交通史的学术专著，实地调查和考古文物资料以及传世文献结合的严谨研究方式，令这本专著成为学术经典。而他数十年里孜孜不倦、触类旁通地对秦汉区域文化、秦汉时期生态环境、秦汉时期未成年人生活等领域进行研究，均有大量研究成果出炉。

在接受四川日报全媒体"文化传承发展百人谈"大型人文融媒报道记者专访时，王子今深刻阐释了蜀道在中国历史版图上的重要地位，也为人们揭开了中国秦汉时期鲜为人知却鲜活生动的不同侧面。

◆ 从铁路工人成为秦汉史研究大家

王子今经常被问为何选择交通史这样冷门的领域展开研究。偶尔，他会调侃回应："或许这和当年我在铁路上的工作经历有一定关系，毕竟，这两者都和交通有关。"40多年前的王子今，正是西安铁路局宝鸡铁路分局的一名装卸工。

王子今初中毕业后先是下乡三年，招工回城后便先后到铁路局当过工人和宣传干部。恢复高考后，已过25岁的王子今原本不再想参加高考，但王子今母亲坚决支持儿子参加。抱着试一试的心态，他请了20多天假复习，结果一考即中，成为西北大学考古学专业的一名学生，从此与历史文化研究结下不解之缘。

王子今将自己的主要学术研究方向放在了秦汉时期，尤其是秦汉交通史的研究上，很好地践行了读万卷书、行万里路的严谨治学方式。两千多年前的道路现在保留几何？1984年，王子今硕士论文选题确定为秦汉陆路运输时，他便骑行14天对武关道进行了考察。工具是借来的28加重自行车，翻越秦岭上山的时候只能推着车往前，经常一走就是两三个小时。风尘仆仆、大包小包，当他骑行到乡村，"村里小孩都以为是走街串乡的小贩来了！"

考察途中有苦也有乐。在县城可以住招待所，到乡下时就给5毛钱住农民家，洗脸要去河里。不过，碰到有店铺时，就可以在面条之外加个猪耳朵和二两小酒放松一下……

这样的实地考察一直贯穿王子今的学术生涯。

在考察武关道之后，他和朋友又开启了傥骆道和子午道等线路的考察。考察秦始皇主持开通的秦直道时，他们带着洛阳铲等工具在荒山被牛虻包围叮咬，还缺少吃食。而那个洛阳铲手柄长达一米，其功能除了"用的时候组合起来"，最重要的是不用时，可以用来驱赶路上的野狗……

研究交通，为何一定要实地行走？这和王子今曾经受过考古训练而形成的学术习惯有关。在他看来，搞学术研究不能只埋头在故纸堆里，书本上的知识必须与实际调查中的发现结合起来才能有准确判断，"如果研究古道，那它的线路怎样分布的，一定要考察了才知道。"

幸运的是，这种实地考察收获之丰超越想象。他从农民家里找到了砌猪圈的汉代画像砖；在陕西商洛找到了汉代的遗存，根据战国秦汉时期带有"武"字戳印的瓦当，确认了当时的武关位置；在子午道发现了一段非常漂亮的栈道。王子今还在陕西丹凤县古城村找到了刻有"商"字的战国时期陶文瓦当，发表调查简报推测此处应是商鞅的封地。此后陕西当地考古人员在此进行正式发掘，确认了推测。后来，著名学者李学勤在他的《东周与秦代文明》一书中专门提到这次调查，称其为"有意义的调查发现"。

躬耕于秦汉交通，王子今的学术研究成果日渐丰硕。1989年，他就拿到了第一个国家社科基金课题——秦汉交通史研究。几十年来，《中国古代交通文化》《交通与古代社会》《秦汉交通史稿》等专著陆续出炉，王子今也成为秦汉交通史研究领域的权威学者。此外，他还主编了《中国蜀道》《秦直道》《秦史与秦文化研究丛书》等，学术成果备受业界称道。

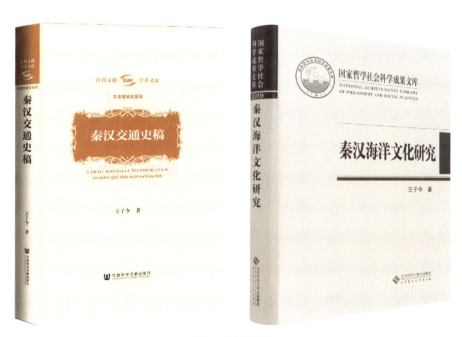

王子今出版的著作

◆ **我们究竟该如何评价秦始皇**

在对秦汉历史的研究中，秦始皇是一个绕不开的人物。一直以来，秦始皇在教科书里的形象都是残暴不仁，然而明代学者李贽又赞他为"千古一帝"。我们究竟该如何评价秦始皇？王子今表示，秦代法律的严酷，司马迁在《史记》的记载肯定是最接近真实的历史记录。"长平之战可以一下坑杀赵国降卒40多万人；秦末战争中项羽也杀掉章邯20万人的部队。秦王子婴投降后，项羽依然将他杀死。在秦代，还存在着把腿砍断、在脸上刺字、把鼻子割掉之类的残酷刑法。"但在王子今看来，这种残酷的杀降及刑法和时代局限有关，"哪怕刘邦推翻了秦王朝，西汉初年依然继承了秦法，直到汉文帝时代，才废除了刖刑等惩罚性的法律。当然，在汉代战争里，也很少再见到杀降的情形。"

然而，推行了严苛律令并且焚书坑儒的秦始皇，王子今却借用李贽的

王子今出版的著作

话表示"是圣是魔，未可轻议。"

"秦始皇的确焚书坑儒，但这个情况我们要进行客观分析。因为秦始皇自己曾经解释过，他烧的书是'不中用者尽去之'，也就是说他认为自己烧的是没有用的书。"王子今说，秦始皇焚的书是诗书百家语，"在他看来儒家学者的书是空谈之书，他选择是否焚掉的标尺是合不合用，所以医书、农书、卜筮等书籍没烧，其他的一律限期销毁。这在客观上造成了秦以后文化的断裂，因为很多文献被毁掉了。"焚书坑儒的始皇帝，却又在客观上实现了中国的统一，并且推行书同文、车同轨，改变了自春秋战国以来诸国异制的情况。在王子今看来，这样的功劳显然值得肯定。"虽然现在有些人反问'当时中国为何一定要统一？就像欧洲至今没有统一，各国并存似乎也未尝不可。'但统一在当时并非秦始皇的突发奇想，而是当时整个社会都人心思统，包括老子、庄子、墨子、管子等诸子百家的著作都提到一心定而天下正这类主张。所以，统一在当时是天下大势，人们统一的意识已经非常强烈。不管秦始皇统一的直接动机是为了统治更多的人还是扩张自己的权力，他一统天下客观上顺应了当时社会文化进步的趋势。"

王子今认为，秦始皇还是一个很勤政的皇帝，一直在辛苦地东奔西走，最后死在了出巡的路上。他还有一些非常有创造性的政治设计，比如皇帝制度、郡县制度以及百官制度等，构成了一个非常严密的统治机器，对后世都有非常长久的影响。虽然刘邦最终推翻了秦，这些制度却在汉代全都被继承了下来。对秦始皇究竟应该怎样评价？作为一名学者，王子今不愿意简单下定论。"不同的立场和政治觉悟，对历史人物的评价就会出现不同的判断。"

◆ **揭开秦汉历史生动的侧面**

数十年来，王子今的研究方向逐渐扩展到秦汉区域文化、生态环境以及秦汉时期未成年人生活等多个领域，为人们了解秦汉历史的不同侧面提供了宝贵资料。

秦汉时期的交通格局对后世形成了巨大影响。"比如秦始皇修建直道，把全国的道路连接起来形成一个交通网，为帝国的正常运行和安全提供了非常重要的支撑。因为如果没有畅通的交通，中央的政令就没办法及时传达，发生叛乱也不可能及时平定，地方发生灾荒也影响其他地方提供救济等。这个交通网络，后来的王朝一直在代代继承。"

当时的交通速度有多快？王子今表示，相关资料显示，当时有一份从青海给皇帝的作战报告送抵长安，皇帝和大臣商量后又送去了回复，"往返时间大约7天。"

西汉时期的生活节奏比东汉更快。王子今曾写过一本《中国文化节奏论》，分析得出不同地区、不同民族甚至不同时期有不同的文化节奏。"不同的时代，也有不同的节奏。西汉讲究侠义、进取，讲究英雄主义，所以节奏普遍较快。"

王子今介绍，汉文帝性格非常谨慎，被宣布继承皇位时，担心是骗他回去。然而就是这样一个谨慎的皇帝，却也想从"飙车"这种刺激性的运动中寻求快感。"他曾想驾车从霸陵的山坡飞驰而下，幸好身边的人把他拉住了。那时有一种叫驰逐的赛车运动风靡民间和皇宫；不过到了东汉时期，这种运动就没有了。"研究之外，王子今也为《大秦帝国》《芈月传》《汉武大帝》等电视剧担任了顾问工作，为这些历史正剧尽量忠实于史实贡献了专业力量。汉武帝时期人们的穿戴和饮食是怎样的？在《汉武大帝》总导演胡玫的邀请下，王子今等历史学者专门到横店给剧组讲课；他还作为《芈月传》的历史顾问，为剧本提供了大量专业意见。

如此跨界，王子今只希望更多的作品能够符合史实，"作为历史学者，我们有责任进行一些知识普及性的工作。"不过，对当下影视剧中频频出现的与历史不符之处，王子今却非常能够理解，"因为中国古代的戏

曲或者小说歪曲甚至改变历史的地方多的是，对文艺作品，公众可以有适
当的容忍度。"

蜀道在世界文明史上具有重要意义

旧石器时代，穿越秦岭已有历史先声

记　者　李白的《蜀道难》让国人知道了蜀道这条道路，历史上蜀道究竟
是指从哪里到哪里的道路？

王子今　"蜀道"的历史文化内涵十分丰厚。古来"蜀道"之称的通行，
的确与流传广泛的以"蜀道难"为主题的诗文作品相关。但是蜀
道究竟是从哪里到哪里？一直以来有狭义和广义的不同说法。

　　广义的蜀道，有说法是古代联系蜀地的交通道路都可以称为蜀道，比
如自三峡溯长江而上的水道，连接西藏通西域的茶马古道，从云南入蜀的
五尺道和在此基础上拓展可通向南亚的西南丝绸之路以及由秦入蜀、由甘
入蜀的诸多道路都是蜀道。

　　比如把从三峡入蜀的道路称为蜀道，这个确实也有一定依据——我们
看到南北朝时期梁简文帝的诗文作品《蜀道难曲》有"巫山七百里，巴
水三回曲。笛声下复高，猿啼断还续"，的确明明确提到了巫山、巴水这样
的地理标志和地理坐标。因为南朝行政中心在长江下游，南朝人所谓"蜀

道"自然主要是指"巫山""巴水"通路。

但是到了唐代，可以看到当时诗人的作品，他们所说的蜀道含义已经比较明朗——指从陕西翻越秦岭巴山的入蜀道路。像卢照邻的诗《大剑送别刘右史》明确提到了绵州、剑阁等地标；李白的《蜀道难》传颂千古，诗里说到了"秦塞"和"剑阁"，都明确涉及蜀道的位置和走向就是川陕道路。诗里的"秦塞"应当理解为连通秦地的道路所经过的关塞，也可以理解为秦岭关塞。

记　者　那蜀道大概从何时开通呢？

王子今　蜀道交通线路究竟何时形成，目前还没有充分的史料来论证。但蜀道无疑历史非常悠久，从史前时代蜀道的萌芽，到古代蜀道诸条道路的相继开通，再到民国时期修建川陕公路，传统蜀道向近代交通转变为止，蜀道可以说伴随了中国古代文明发展的全部历史进程。

从考古材料上可以看到，其实在旧石器时代，秦岭南北的文化风貌已经有了一些共同点，说明当时人们穿越秦岭的交通开拓，已经有了历史的先声。到了新石器时期，秦岭南北的重要遗址已经表现出共同的文化面貌，人们已经能够穿越秦岭进行文化传播。到了商周时期，蜀道已开始开通，周原出土的西周甲骨文刻着"克蜀"的文字，这说明当时关中地区和蜀地可以通过交通条件实现战争史或军事史意义上的文化联盟。到了春秋战国时期，蜀道的建设又实现了新的历史进步，秦人和蜀人对此均有共同的付出。《华阳国志》以及《水经注·沔水》等文献记载的"石牛粪金""五丁开道"传说，从侧面反映了蜀道金牛道的开拓史。也就是说，从国家层面对蜀道进行开发，从战国时期就已经开始。但蜀道交流系统的设计和管理，我们今天对很多细节还不太清楚。像褒斜道这种重要的交通干线，当时车辆能不能走，这在学术界是有不同意见的。或许当时一般的行走方式可以满足，但大规模的运输可能还存在问题。

记　者　蜀道这个交通网络包括了哪些具体的线路，大概形成于何时？

王子今　蜀道开通有一定次序，地理上则主要包括了穿越秦岭的故道、褒斜道、傥骆道、子午道等北边4道以及穿越巴山的金牛道、米仓道、荔枝道等南边3条道路以及其他支线。北段大致以西安、宝鸡为起点到汉中，南段则从汉中开始到达成都等地。

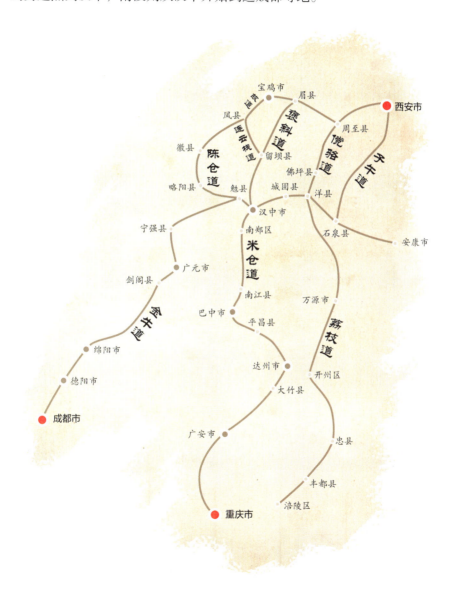

故道又名陈仓道等，开辟远在先秦，从陈仓（今宝鸡市）沿扦水（今清姜河），经蜀道大散关上行至秦岭，沿嘉陵江上游河谷而下至汉中。褒斜道南起汉中褒谷口，北至眉县斜谷口，沿褒斜二水行，贯穿褒斜二谷而得名。傥骆道经周至县西骆谷，而得名骆谷道，又因翻越秦岭后南面出口为汉水支流傥水河谷，而称傥骆道，是自长安西南到达汉中。子午道至迟在秦代已经存在，因其线路走向基本上呈南北方向而得名，经行路线在汉晋前后有所不同。金牛道又名石牛道，因发生在战国中期的"石牛粪金""五丁开道"的传说而得名，是一条从汉中直抵成都的干线。米仓道因翻越大巴山脉的米仓山而得名，北起陕西南郑，翻越大小巴岭、米仓山，再分别到达成都和重庆。荔枝道因唐天宝年间，杨贵妃嗜食新鲜荔枝，唐玄宗特地修整涪陵到长安的道路，快马传递荔枝而得名。其经行路线是从长安出发越巴山抵达现在的重庆涪陵。总体来说，战国秦汉至南北朝时期是蜀道主干线路开发和拓展、形成基本格局的时期。尤其秦灭巴蜀以后，对蜀道进行过有组织的维修改造，栈道的出现，堪称古代交通史上重要的发明创造。

蜀道深刻影响了古代中国的发展

记　者　蜀道究竟怎样深刻影响了古代中国的发展？

王子今　蜀道是世界文明史与世界交通史中的特例。与其他世界古代文明体系的主要河流大多为南北流向不同，中国的母亲河黄河与长江为东西流向，而黄河流域文化区与长江流域文化区之间，在西段存在着秦岭这一地理界隔，形成了明显的交通障碍。所以，自远古以来先民开拓的秦岭道路成为上古时代交通建设的伟大成就，因为它克服了秦岭这个交通障碍。到了战国至秦汉时期，蜀道则实现了原来的天府之国关中平原和后来的天府成都平原之间的沟通，为秦定天下提供了保障。从秦惠文王时期占领了巴蜀，到后来的秦并天下，蜀道起的作用非常显著，因为这是秦人第一次实现了对一个几十万平方公里的地方的大规模领土扩张，为后来的统一奠定了基础。

当时的秦国领土南北纵跨纬度超过12度，这是战国七雄中其他国家无一能够相比的。秦国对包括畜牧区、粟麦耕作区和稻米耕作区的广大区域的综合管理，自然可以提高秦国领导集团的执政能力，为后来统一帝国提供了预演条件，这也形成了中国西部相当长的历史时期内的文化优势和经济强势。一直到东汉甚至更晚时期，大批的北方移民进入江南，才使得全国经济重心向东南方向转移。但是从"扬一益二"的说法可以看到，即使唐宋时期，益州的历史贡献依然仅次于扬州。而这种影响，同样是通过蜀道实现的。

事实上我们还可以看到，当年秦国在兼并的过程中，占有巴蜀以后形势大不相同，完全可以和东边的楚进行全面抗衡。秦汉帝国的崛起直接影响了东方史的方向，也因此影响了世界史的格局。这体现了显著世界史意义的历史进程，是以蜀道开通为基本条件的。秦汉帝国也是东方最强大的一个政治实体和文化存在，甚至后来对朝鲜和日本以及越南的影响都有目共睹。这些年还有学者提出，从秦开始修筑长城，导致匈奴不能南下、只能向西发展，也间接影响了后来欧洲历史的格局。

记　者　在古代，蜀道还发挥了哪些作用？

王子今　秦汉时期"大关中"这样一个地区形态的出现，和蜀道有密切关系。当时的"大关中"，也就是司马迁所划分四个基本经济区之一的所谓"山西"的地方，成了当时东方世界的政治、经济、文化中心。这一情形直到王莽"分州正域"，规划东都的时候才有了改变。正是蜀道的高效能使用，使得中国西部连通为一个实力雄厚的整体。甚至有一种说法——"巴、蜀亦关中地也"。秦汉"大关中"区域，是统一帝国成立的基础。

总而言之，蜀道是历史上连接关中盆地与成都平原，穿越秦岭、巴山，分布于川陕之间，因交流融合而形成的一系列官驿大道和文化交流道路的统称，是一项人类交通史上的伟大工程，深刻影响了古代中国的发展。它是中华文明历史上一项非常重要的创造，在世界文明史上也有重要意义。

丝绸之路史的研究不应忽略蜀道

记　者　您一直强调丝绸之路史的研究不应忽略蜀道，这二者有何关联？

王子今　丝绸之路是古代中国和世界进行文化交流的道路，它和蜀道在地理位置上有很大距离，但是我们为何说蜀道和丝绸之路有关系呢？著名学者李学勤先生的《东周与秦代文明》一书，曾把东周时期的中国分为7个文化圈，蜀道实现了其中"秦文化圈"与"巴蜀滇文化圈"直接的交通联系，使得黄河中游的中原地区与长江上游的西南地区融汇为一个文化区。

不仅如此，蜀道的进一步延伸即"西南夷"道路的开通，打开了有学者称作"西南丝绸之路"的国际通道。司马迁在《史记·西南夷列传》中曾记载张骞出使大夏时，见到了蜀布和邛竹杖，问所从来，人家告诉他"从东南身毒国，可数千里，得蜀贾人市。"也就是说，有一条道路和西域联通，可以帮助当时的蜀人把物品卖到大夏。

蜀道是沟通川陕的道路，对于当时东方帝国的形成和建设以及世界的影响，功绩非常显著。而通过它的延伸，又进一步使新的国际道路出现开通的可能。这条道路是蜀道的继续延伸，它从成都开始向西南方向进行西南丝绸之路新的国际道路的探求。这条道路汉武帝想找但没有成功，实际上它一直在发挥着国际交流的作用。东汉时期，古罗马帝国的使节正是通过这条道路再经过蜀道到洛阳，拜见了东汉王朝的皇帝。

另外还有一条"蜀蒟酱"的流通线路，也就是从蜀地到今天广东的一条水路交通线，它使得蜀地和南海丝绸之路产生了直接的联系。通过这条线路，古代中国和东南亚甚至更远的印度半岛都有了往来。斯里兰卡出土过秦半两钱，也是南海丝绸之路通行的物证。

此外，敦煌入蜀道路也可以看作西北丝绸之路的支线。敦煌马圈湾出土的汉简里面有"驱驴士""之蜀"字样的简文，记载了50个专门赶驴的士兵，赶了500头驴到成都平原，这条路就是后来人们称为"青海道"的路。河西的驴通过这条路可以到蜀地，而居延汉简也记载了四川广汉出产的纺织品输送到了河西地区。

以上种种告诉我们，蜀道和丝绸之路有重要关联，是丝绸之路研究不可忽视的学术主题，我们也可以从这样的视角审视蜀道对于世界文明史的重要意义。

记　者　四川现在成立了蜀道研究院，系统推进蜀道的相关研究，未来这些研究工作重点可以关注哪些方向？

王子今　我们以前对中国古代交通的重视程度不够，蜀道自有特别突出的特点，如今被重视也是理所应当。我个人以为蜀道研究应该最大限度收集蜀道的相关历史文化信息，并进一步开拓考古学参与的调查和发掘，以获得更多新的资料，这些或许可以帮助我们获得与蜀道相关的更多信息。

蜀道考古建议关注驿站、关口以及重要路线。这些重要的交通节点历史遗存非常多，古书里面也有很多记载，比如褒城驿是唐代全国有名的驿，但是现在位置在哪，还有什么遗存，与南北边的线路有怎样的联系？就要靠考古发掘才能得到新信息。另外史料记载蜀道的关口多达70多个，也可以通过发掘来增进对它们的认识。

（吴晓铃）

提 要

● 国内人文学者要夯实知识底座，主动发声并积极介入国际主流学术话语，增强中华文明传播力影响力，推动不同文明交流互鉴

● 文明互鉴是人类文明发展的基本规律，人类文明进步其实是全人类共同努力的成果

● 学问是世界性的，中华文化不能只是中国人讲，最要紧的是国际传播、国际理解

● 比较文学中国学派应该建立在跨文明的基础上

曹顺庆

四川大学杰出教授、
欧洲科学与艺术院院士

人物简介

　　曹顺庆，四川大学杰出教授、文学与新闻学院学术院长，欧洲科学与艺术院院士，博士生导师。享受政府特殊津贴专家，国家级教学名师，中国比较文学学会第四任会长。

　　5次获国家级优秀教学成果奖，1次获四川省教学成果奖特等奖、6次获一等奖，5次获教育部高等学校科学研究优秀成果奖（人文社会科学），5次获四川省社会科学优秀成果一等奖，首届全国教材建设奖"全国教材建设先进个人"奖。

　　担任CSSCI辑刊《中外文化与文论》主编，英文刊物*Comparative Literature: East & West*主编。在国内外期刊发表学术论文200余篇，出版学术著作40余部。

在中西比较、文明互鉴中寻求文化自信之根

四川大学杰出教授、欧洲科学与艺术院院士曹顺庆，不仅是一位精力旺盛的人文学者，也正在越来越频繁地成为"被研究对象"。

近日，学术期刊《文艺争鸣》邀约了6名中外著名学者撰写论文，将集中探讨曹顺庆提出的"失语症"、比较文学变异学、中国文论话语建设、比较文学中国学派等论题；2024年2月17日，在他年届七旬之际，"曹顺庆先生学术思想暨中国话语建设国际学术研讨会"在线举行，吸引了海内外300余位专家学者参与；2023年，中国香港出版的《文学跨学科研究》推出曹顺庆学术研究专栏，刊登了法国索邦大学教授佛朗哥等人的6篇学术论文……

曹顺庆的学术生涯，从20世纪80年代的中国古代文论研究起步，随后逐步进入"中西比较"：中西比较诗学、"失语症"、比较文学中国学派、中国

曹顺庆出版的著作

文论话语建设、"卡嗓子"问题和"重写文明史"……尽管身处西部内陆，曹顺庆与其带领的学术团队却以一种世界性的眼光，聚焦中国文化。近日，党的二十届三中全会审议通过的《中共中央关于进一步全面深化改革、推进中国式现代化的决定》，提出了"加快构建中国话语和中国叙事体系，全面提升国际传播效能"，也证明曹顺庆几十年来的学术研究方向是正确的。他说，国内人文学者要夯实知识底座，主动发声并积极介入国际主流学术话语，增强中华文明传播力影响力，推动不同文明交流互鉴。

◆ 言说自身的文明观、重写文明史

2024年2月17日，"曹顺庆先生学术思想暨中国话语建设国际学术研讨会"成功举行，来自中、美、英、法、匈等国的300余位相关领域的专家学者齐聚云端，共同探讨中国自主知识体系建构等重要议题。

此次研讨会一大关键词"中国话语"，与曹顺庆近30年前提出的"失语症"遥相呼应。1996年第2期《文艺争鸣》杂志，刊发了曹顺庆的《文论失语症与文化病态》一文，引起学术界热烈反响与讨论。他在文中说：当前文艺理论研究最严峻的一个问题，是中国现当代文艺理论基本上是借用西方的一整套话语，一旦离开了西方文论话语，就几乎没办法说话，"长期处于文论表达、沟通和解读的'失语'状态，活生生一个学术'哑巴'。"

意识到这是中国学术乃至文化面临的困境，曹顺庆后来的学术探索，几乎一直沿着这一思想脉络展开，不过即使到了今天，"失语症"仍未解决。前两年，曹顺庆受邀参与编纂《牛津文学理论百科全书》，收到书后他发现整整四大本，关于"中国文学理论"只有自己编写的一条。与此形成强烈对比的是，西方文学理论一个流派的一个术语，如"Close Reading"（文本细读）就有单独的词条，"其分量与古往今来整个中国文学理论并驾齐驱，这显然不合理。"

曹顺庆将其形象地总结为"卡嗓子"问题，即别人让你"说不出

来"，乃至你自己根本就没想到要说出来。在他看来，怎么样"打开嗓子"是当代学术最紧迫的问题之一，也是真正重建文化自信的关键一环。

因此，2023年初，在由四川大学等主办的"文明书写与文明互鉴"高峰论坛上，曹顺庆提出"重写文明史"的号召，并在《四川大学学报（哲学社会科学版）》发表长篇论文《重写文明史》。在他看来，人类历史已经进入新的变局和多元格局之中，我们必须对世界格局和文明互鉴有更加深刻的认识，"重写文明史"就是一次主动发声的机遇，中国学者应借此言说自身的文明观、书写自身的文明史，由此延伸到各个学科史，构建文明新话语，献策于当下的文明互鉴和全球治理新格局。

◆ **以世界性眼光探索"中西比较"学术路径**

实际上，从学术生涯之初，曹顺庆就开始关注"中国话语"。1977年，曹顺庆进入复旦大学中文系文学评论专业学习，逐渐对中国古代文论产生了浓厚的兴趣。为了学术理想，为了求得名师指导，此前从没来过四川的曹顺庆，慕名考取了四川大学中文系杨明照先生的研究生。

研究生求学经历，曹顺庆至今印象深刻。"杨先生讲《文心雕龙》，首先背一遍原文，然后再逐句讲解；杨先生的书桌上，永远放着《十三经注疏》。"前辈学者博大精深的学识，深深激励着他。

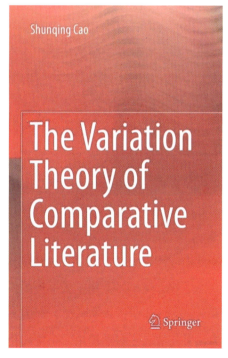

曹顺庆出版的著作

在深入学习的过程中，一门心思想搞古代文论的曹顺庆却发现了一些问题。例如，当时一些学者用"内容–形式"来剖析《文心雕龙·风骨》，有人认为"风"是形式、"骨"是内容，有人认为"风"是内容、"骨"是形式，有人主张"骨"同时包括了内容的充实和形式的严整。后来他意识到，"风骨"作为一种中国文论独具的极有民族特色的文论话语，一旦被外来的"内容–形式"话语切割，便容易产生各种互相矛盾、漏洞百出的观点。

后来，在杨明照先生的鼓励下，曹顺庆开始探索中西比较诗学的学术路径，相继发表了《亚里士多德的"Katharsis"与孔子的"发和说"》《"风骨"与"崇高"》等多篇论文。硕士毕业后留校任教，他继续师从杨明照，以"中西比较诗学"为主题开展博士论文研究，不仅成为四川大学中文系第一个博士生，更是国内"中国文学批评史"专业第一个博士生。

作为曹顺庆博士论文的评审专家之一，著名学者季羡林评价："曹顺庆同志的论文既有宏观的观察，又有微观的探讨。他对中西两方主要的文艺理论流派都能了若指掌，论述起来，有极大的概括性，颇有高屋建瓴之势。他的论文确持之有据，言之成理，有极大的说服力。"

这条"中西比较"的路径，从此贯穿曹顺庆的学术研究。几十年的学术生涯中，他以一种世界性的眼光，探索从微观的文论、文学直至宏观的文化、文明等主题，在不断地互鉴中寻求文化自信之根。

◆ 积极参与学术前沿活动，建立自身话语权

尽管已经年届七旬，曹顺庆的日程仍然排得很满，除了科研工作和学术活动，他还坚持为本科生、研究生授课，招收、培养比较文学与世界文学、文艺学、艺术学理论、中华文化国际传播等专业研究生。

曹顺庆认为，即使是比较文学与世界文学专业的博士生，也应该直接

阅读古代典籍原著，为今后的学术研究打下深厚的古文基础。因此，从20世纪90年代开始带博士研究生起，他总会指导他们以清代阮元校注刻本的影印版为教材，系统学习"十三经"；在此基础上，进一步要求博士生在课堂上背诵古代经典文论。

他也主张借助英语等语言直接学习西方知识，而非吸收国内学者"反刍"的二手乃至三手信息。给博士生讲西方当代文论时，曹顺庆采用的教材就是英国学者特里·伊格尔顿的英文原著《文学理论导论》。

曹顺庆发现，在比较文学学界乃至其他人文学科领域，有两种常见的情形：一些学外语出身的学者和学生，外语很好但不懂中国古代的东西，而中文系出身的人，往往外语又不太好，原汁原味的中国传统文化与西方文化很难"对撞"。唯有熟练掌握两门以上语言，兼通古代和现当代文化，才能有效地进行中西文化、文学的比较研究，做出真正有价值的学术成果。"当代世界学术前沿活动，中国学者也要积极参与，建立自身的话语权。"他表示。

这也是文明交流互鉴的应有之道。2021年初，四川大学正式启动"创新2035"五大先导计划，曹顺庆成为其中"文明互鉴与全球治理研究"首席科学家之一，聚焦人类文明多样性、汉语言文学与世界文明、古文字与中华优秀传统文化传承创新等话题展开研究。"我们要重写人类文明史，并进一步用文明交流互鉴来推进重写各个学科史，不仅用中文来写，也用英文来写。只有把被遮蔽、被曲解的文明事实纠正过来，人家才会口服心服。"

整个文明史应该写成人类命运共同体的历史

中西比较的根本想法是把中国文化说清楚

记　者　您1977年进入复旦大学中文系学习。当时为什么选择这个专业？

曹顺庆　我1971年入伍，在贵州省军区文工团当文艺兵，拉小提琴、二胡、京胡，1977年3月作为工农兵学员进入复旦大学。当时复旦大学中文系很有特色，有汉语言文字、文学创作、文学评论三个本科专业，我就被分到了文学评论专业。我们当时的校长是《共产党宣言》第一个中文版的翻译者陈望道，后来是数学家苏步青，他的文化修养很高，诗也写得好。我们在校的时候，郭绍虞教授、蒋孔阳教授、王运熙教授这些著名学者都还在世，他们和年轻一点的钱钟书先生的助手王水照，还有章培恒等很多老师都给我们上课。

在复旦大学，一方面是这些名师引导，另外一方面学校的条件还不错。我记得那时候图书馆是全天开放的，你只要进去不出来，就没有人赶你走。有时候我就带一点干粮，在里面一泡就是一天。我把图书馆里面的世界史、中国史都看了，再进一步到中国哲学史、世界哲学史、中国文学史、世界文学史，然后再到文学理论。还有我们中国的典籍，像《论语》《孟子》《老子》《庄子》，那时候当然还是半懂不懂的，不过毕竟看完了。我在复旦大学时间不长，但可以说打下了很好的学术基础。

记　者　几十年来，您的学术生涯经历了多次研究主题、范式的转换，从中国古代文论逐渐延展到中西比较诗学、比较文学变异学，以及"失语症""重写文明史"等话题。这种转换的内在动机和考量是什么？

曹顺庆　其实是学术发展使然。我刚来川大读研的时候，一门心思就想搞中国古代文论，但是我在读《文心雕龙》的时候发现很多问题，跟着杨先生参加会议，听了不少学者发言，也看一些文章，却感到越来越糊涂。

　　记得我刚入学时，跟杨先生到广州开会，一个老先生在台上发言，讲白居易《与元九书》的现实主义特征，"文章合为时而著，歌诗合为事而作"。有一个香港学者当即反对，说《与元九书》是浪漫主义的。白居易说，"诗者，根情，苗言，华声，实义"，所以情感才是他的理论根基，这是浪漫主义理论。大家就分成两派吵了起来，最后吃饭的时候都不坐在一块。

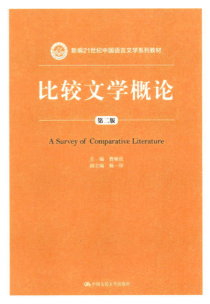

曹顺庆出版的著作

当时我就在想，到底是现实主义对，还是浪漫主义对，还是白居易本身就错了？后来我发现，为什么讲不清楚，因为现实主义、浪漫主义都是从西方来的，当我们用西方理论来阐释中国文论的时候，那就要出问题。中西方理论各有所长，但是它们的理论范畴、讲话的方式、阐述的方式都不一样。怎么样真正理解中国文论，同时又能跟西方理论结合起来，我意识到这个很重要。所以我给杨先生提出博士论文不单纯写中国文论，而是写中西文论比较，当时西方比较文学界已经把它叫做"比较诗学"（comparative poetics）。

后来我的博士论文出书，杨先生专门写了个序，他很赞赏鲁迅所说的："东则有刘彦和之《文心》，西则有亚里士多德之《诗学》，解析神质，包举洪纤，开源发流，为世楷式。"他说鲁迅都这样强调，那么《文心雕龙》和《诗学》相比较，实际上也是当代学术界应该做出来的。所以在杨先生的包容下，我就走上了中西比较这条路，但根本想法是要把中国文化说清楚。

曹顺庆出版的著作

"失语症"事关我们的文化自信问题

记　者　1996年，您发表了《文论失语症与文化病态》一文，成为您最具代表性的学术论著之一，今天"失语症"甚至已经进入了公共讨论。当时写作此文的背景和动机，以及您提出的主要观点是什么？

曹顺庆 开始做中西比较以后，我觉得很多学者的路走错了。错在哪里？

我后来发现这是一个学术话语的问题，是西方话语和中国话语"打架"产生的问题。比如我们读"十三经"，有"春秋话语"，说在表述的时候要"微而显，志而晦，婉而成章"，这一套话语跟西方差别很大。

所以当我们用西方话语来讲中国，或者反过来的时候，沟通起来都是有问题的，这就是"失语症"。比方说我们的中国古代文学史，基本上都是用浪漫主义、现实主义，用内容、形式，用典型形象、典型人物这些概念。李白是浪漫主义，杜甫是现实主义，我们习惯这样讲，但中国古典诗歌，它往往既是写实，又是抒情，既是以情感为根，同时也在描述现实。所以我们的文学史基本上没有讲清楚中国文学的话语，我们的文学史要"重写"。

中国古代文论体系很精彩，本来它就是中国话语，但是这一套话语在今天是不能诉说自己的，不仅不能拿来解释中国文学作品，还不能解释自身。它在当代"死了"，因为大家都不用它，而且还用西方理论来解释它。我是"中国文学批评史"第一个博士，但这个学科名称本身就是西化的，是literary criticism翻译成中文的结果。中国古代文论有"批"，也有"评"，但是"批评"两个字连用是没有的，所以今天很多人都听不懂。

1994年我从哈佛大学回来，就下定决心要把这个问题提出来。这篇文章投给《文艺争鸣》，很快刊登出来，引起很大的波澜，有支持的，也有反对的。当时我想，既然想清楚了这个问题，就要说出来，这事关中国文学理论发展，事关中国当代学术发展，事关中国文化发展，甚至事关我们的文化自信问题。没有想到过了若干年，这个问题得到越来越多人的认可。

记　者 您从中国文论问题出发提出"失语症"，它的根子在哪儿？"失语症"与您近年来倡导的"重写文明史"有何关联？

曹顺庆 中国古代文论是世界三大文论体系之一，后来学术界却认为中国
文学理论没有体系、模糊混乱；认为它虽然有价值，但就像散金
碎玉一样，是零碎的、散乱的、直觉的、顿悟的，不是理性分析
的，要用就得进行"现代转换"。其实中国文论肯定是有体系的，比如刘
勰的《文心雕龙》、李渔的《闲情偶寄》、叶燮的《原诗》，但是它跟西
方体系不一样。当我们用西方体系来"切割"它的时候，就把中国文论切
割"死了"。换句话说，这是一个文明互鉴、文明交往的主体性问题，我
们丧失了文明的主体性，让西方来言说我们，把西方理论当作"元话语"
来"切割"我们的体系。正如用浪漫主义、现实主义来讲李白、杜甫、白
居易，讲不清楚。其实西方理论传进来之前，中国人讲不讲文学？当然
讲，讲李白的"飘逸"、杜甫的"沉郁"，讲"意境"，讲"言外之
意""象外之象"。

这是中国话语、中国文化的失落，这种"文化病态"是怎样形成的？
一个根子就是文明的问题。从近现代以来，中国经历了一个"大河改道"

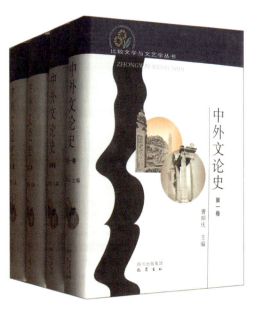

曹顺庆出版的著作

的过程，当我们落后、被动挨打
的时候，觉得只有打倒传统文
化，才可以获得新生。其中，有
一些认识难免是片面的。今天我
们为什么要讲"重写文明史"？
我们读了一大堆西方学者写的
文明史，挑出其中170多部仔细
看，发现它们长期以来彰显西方
文明的高明和东方文明的野蛮，
有几部文明史甚至根本没提中
国，或者认为中国文明是僵化
的，没有进步。

人类历史上明明存在文明互

鉴，文明互鉴是人类文明发展的基本规律，人类文明进步其实是全人类共同努力的成果。这就是我们为什么要"重写文明史"，只有厘清历史的真相，我们才知道全人类共同构筑了人类文明进步之路。没有东方文明，西方文明走不到这一步；当然了，西方文明也促成了东方文明走到这一步，我们是人类命运共同体。整个文明史应该写成人类命运共同体的历史，而不是说一种文明是优越的，其他文明是野蛮的、落后的。这是一种"文明病态"，这种文明观必须被彻底改变、彻底颠覆。

比较文学中国学派要以跨文明为基础

记　者　您曾经提出"比较文学中国学派"这一概念。它因何而生？其学术旨趣是什么？

曹顺庆　西方主要的比较文学学科理论，一个是法国学派提出来的"影响研究"，一个是美国学派提出来的"平行研究"。我为了搞懂这个问题，主编了一本《比较文学学科史》，后来就开始思考中国比较文学应该有的东西。应该说没有比较文学学科之前，并非没有比较，西方人把他们古代的一些东西拿出来比较，我们中国也有。比如南北朝时期有一个"南北文学不同论"，当时北边是鲜卑族，南边是汉族，这就是典型的跨民族的比较。

　　后来我提出，法国学派、美国学派都认为同一文明的文学才可以比较，都没有解决一个重要问题：不同文明的文学可不可以比较？其实在西方比较文学理论产生之前，中国就有很多人搞这样的比较，比如鲁迅的《摩罗诗力说》，王国维的《人间词话》《红楼梦评论》，现在都算比较文学。这其实是文明使然，我们在不同文明碰撞的时候产生文明危机感，必然要进行优劣比较、异同比较。今天我们进入了全球化的比较文学时代，但是全世界的比较文学是不合格的，因为它没有解决跨文明的问题，所以比较文学中国学派应该建立在跨文明的基础上。跨文明有"同"也有

"不同"，"不同"怎么比较？我提出，"不同"是流传中的不同，任何一个文学作品，任何一个文化现象，从一国流传到另外一国，就会产生变异，就会产生差别。英国的莎士比亚和中国的莎士比亚是不一样的，我们的《赵氏孤儿》和西方的《赵氏孤儿》是不一样的，因为它会变异。我就提出了"比较文学变异学"，作为跨文明的比较文学学科理论方法，后来在国际比较文学协会前主席佛克马的建议下用英文写作出版，在国际上引起了很大的反响，被写进了国外的一些比较文学教材、专著。

记　者　跟您研究领域的多元性相似，您的不少研究生也具有跨学科背景，在人才培养和学术传承上，您是如何考虑的？

曹顺庆　我觉得只搞一种学问，是不能真正搞好的。我们今天培养人才，需要知识既扎实又广博，尤其现在学科分得越来越细，就很难产生孔子、亚里士多德、达·芬奇这样百科全书式的人物。所以我主张学问要面面俱到，有广阔的视野，才有真正的创新。我指导的学生，有学外语的，有学古代文学史的，有学现当代文学史的，还有学音乐的，五花八门，我让他们互相学习。这种"多学科""全面学问"是我的基本思想，我认为作为一个合格的学者，需要方方面面的知识。

学问是世界性的，中华文化不能只是中国人讲，最要紧的是国际传播、国际理解。我们搞学术，其实有现实意义，西方很多人认为中国的文化是落后的，或者说"跟西方文化不同的文化也优秀"是要打个问号的。中华文化要让全世界认识到，只有不同文化共同推进，才能推动人类文明进步。

我们要研究全世界在思想融汇、文明互鉴中取得的突破，其中既有西方思想的功劳，也有东方思想的功劳，才会真正认识到人类命运共同体。西方文明"行"，中国文明"也行"，全世界的文明"都行"，如果我们共同携起手来，人类的文明就是光明的，这是我们人文学者的历史使命。

（余如波）

提 要

- 《儒藏》三部中，"经藏"基本是儒家经典成果的汇编，是中华民族最早的根源性文献的解读；"论藏"是儒家学习了经典以后如何经世致用的思想的集中体现；"史藏"则是儒学史的资料集成

- 《儒藏》收录先秦至清末（民国初期）儒学文献5000余种，填补了儒学传承2000多年却一直没有文献汇编的学术空白，用图书构建起一座儒学的大厦

- 通过经典文献、通过代代传承下来的中华优秀传统文化，我们可以进一步确定中华文化的根在哪里，价值几何

- 中华优秀传统文化中的精神内涵和历史价值永不过时，它们不仅曾经照亮历史的星空，也将点燃民族的未来

- 文献是文化最主要、最可靠也最充分的载体，传承弘扬中华优秀传统文化的源头活水就在古籍里面

舒大刚

《儒藏》首席专家兼主编、
四川大学国际儒学研究院院长

人物简介

　　舒大刚，四川大学国际儒学研究院院长、海南省东坡文化研究与传播中心首席专家、博士生导师、四川大学古籍整理研究所原所长。主要从事历史文献学、中国儒学、三苏学术等研究，迄今发表论文200余篇，出版专著20余部。先后承担和完成国家重点项目《中华大典·宋辽金元文学分典·元文学部》、教育部省属高校重点研究基地项目《三苏全书》，担任中国孔子基金会重大项目《儒藏》首席专家兼主编、国家社科基金重大委托项目《巴蜀全书》首席专家兼总编纂，两项重大文化工程受到业内高度评价。

在中华优秀传统文化里寻根、溯源、找魂

2023年初，四川大学古籍整理研究所承担的国家社科基金重大委托项目《巴蜀全书》优秀结项。这是迄今为止四川对本地区文献进行的规模最大、历时最长、体例最新的整理和研究，把巴蜀文献作为整体进行了空前的汇集，受到学术界的高度关注和评价。项目首席专家兼总编纂便是四川大学古籍整理研究所原所长舒大刚。

自20世纪90年代初博士毕业进入四川大学古籍整理研究所以来，舒大刚在历史文献研究整理及儒学研究方面耕耘了30多年，取得了丰硕成果。"钻进故纸堆"里的学问究竟有何意义？近日，舒大刚接受了四川日报全媒体"文化传承发展百人谈"大型人文融媒报道记者专访。他表示，中国浩瀚广博的古籍经典蕴含着中国人的哲学思想、人文精神、价值理念和道德规范，承载着中华民族的文化基因、精神品格和价值追求，"我们能在中华优秀传统文化中寻到根，溯到源，找到魂，能够知其所来，识其所在，明其所往。"

◆ **坚定方向**
儒家经典是中华文化的源头活水

18岁以前，重庆秀山的"乡村青年"舒大刚从未系统学习过国学。从南充师范学院（今西华师范大学）历史系毕业留校任教后，他幸运地参加

了在四川大学举办的全国古籍整理研修班，由此和古籍整理研究结下不解之缘。

1983年，为了在全国培养更多的古籍整理人才，受教育部委托办班的四川大学派出了强大的教师阵容。著名文献学家杨明照是班主任，亲自教授文献学；在训诂学研究上成果卓著的张永言、赵振铎等教语言；敦煌学家项楚、语言学家向熹、三苏专家曾枣庄等大师也分别授课。这次研修，让舒大刚第一次系统地从目录学、版本学、校勘学、文字学、音韵学等不同角度掌握了整理研究中国古典文献的基本技能。1990年，他报考了国学大师、吉林大学教授金景芳的博士研究生，追随先生把研究方向集中到儒学和先秦历史。

正是在读博期间，舒大刚获得了影响他一生的收获——专业上的自信、研究方法上的自觉以及学术上的自立。

"在此以前，我在四川大学接触了诸多大师，但其中既有坚信儒家经典值得传承者，也有对其持批判怀疑态度的疑古派。未来的学术研究究竟该怎么做？说实话当时很迷茫。"面对舒大刚在学术上的迟疑，金景芳并未简单否定。他纠正舒大刚的习惯性疑古论调时会心平气和询问证据在哪，再以自己深厚的学识引经据典加以反驳，让初入门的学生心服口服。在金景芳的影响下，舒大刚渐渐发现，中华文化虽然在文学里也有反映，但"文学只是中华文化这棵繁茂大树的枝叶，根基和大脑还在儒家经典。影响中国文化最深的就是孔夫子整理后的'六经'，而疑古派的那一套，虽然对当时思想解放有益，但其结果却导致了历史虚无主义"。

为了让学生抓住中华文化的主干，金景芳每周给学生们讲《易经》，也教《春秋》，帮助他们系统学习孔子的哲学和社会思想。渐渐地，舒大刚发现先秦时期的儒家经典，堪称中华文化的源头，影响了中国的教化和人的思想。正如著名历史学家李学勤所言，搞清楚了先秦时期的中华文化，解读后面的历史就有了根底。最终，他把研究方向聚焦在了先秦文献方向。

◆ 回归主流

耗时25年啃下《儒藏》硬骨头

　　四川大学古籍整理研究所，图书室里656册《儒藏》墨香四溢、洋洋大观。这是舒大刚担任首席专家和主编的重大项目。自20世纪90年代进入四川大学古籍整理研究所工作以后，舒大刚果断地在中华文化的根底之学上开始了耕耘。四川大学古籍整理研究所，由学术大家徐中舒、缪钺、杨明照、赵振铎、胡昭曦等人创立，42年来编纂了《汉语大字典》《全宋文》等重要的大部头作品。入所后的舒大刚先是协助完成了《全宋文》后期的审稿出版，承担了204万字的国家重点项目《中华大典·宋辽金元文学分典·元文学部》以及820余万字的教育部省属高校重点研究基地项目《三苏全书》的整理工作，到20世纪90年代末，他想到了举古籍所之力编纂更大规模的作品——《儒藏》。

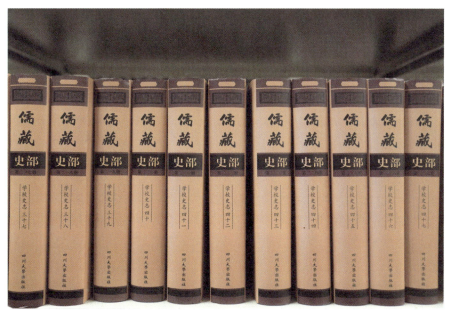

舒大刚出版的著作

古籍整理工作，全国不只四川大学在做。过去几十年，国家立项了很多重大古籍整理工程，比如全宋诗、全元文等，但这些工程整体侧重于整理文学的成果。舒大刚遗憾地发现，虽然中华文化的根底之学在儒家经典，但儒、释、道三家中，道家经典早在唐代就已经形成了《道藏》，佛教经典在五代北宋时也形成了《大藏经》，"只有影响最大的儒家思想反而没有形成一个大型文库。我们认为这和儒家思想在中华文化中的地位太不相符。"

1997年，儒学文献调查整理和《儒藏》编纂工程正式启动。

这项工程十分庞杂。他们首先要到处"化缘"寻找经费支持，此外编纂工作也并非简单的文献汇集和影印，而是需要在普查、统计和分析研究现存儒学文献性质和类别的基础上，以儒学为主题，以"经藏""论藏""史藏"为基本体系，将历史上内容繁多、门类复杂的儒学文献系统地搜集和编录起来。

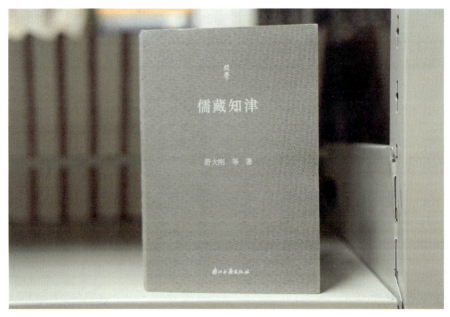

舒大刚出版的著作

25年的"冷板凳"，学者们渐渐将儒家文献"聚沙成塔"。舒大刚介绍，《儒藏》三部中，"经藏"基本是儒家经典成果的汇编，是中华民族最早的根源性文献的解读；"论藏"是儒家学习了经典以后如何经世致用的思想的集中体现；"史藏"则是儒学史的资料集成。他们不仅收集文献，还为入选各书撰写简明内容提要，对作者之生平、著述之源流、版本之流传、内容之梗概，略作评介。仿《四库全书》的体例，"分之则散弁诸编，合之则共为总目"。

2022年，总字数超过5亿字的《儒藏》问世，收录先秦至清末（民国初期）儒学文献5000余种，填补了儒学传承2000多年却一直没有文献汇编的学术空白，用图书构建起一座儒学的大厦。

◆ **根植巴蜀**

打造地方版的"四库全书"

《儒藏》问世仅一年，舒大刚担任首席专家和总编纂的国家社科基金重大委托项目《巴蜀全书》也优秀结项，舒大刚带领全体研究人员耗时13年，呈现了巴蜀文献的源远流长、丰富多彩以及古代巴蜀儿女的创新创造。

当年编纂《全宋文》时，舒大刚便发现古代巴蜀文献十分丰富。那么，在历史长河里，巴蜀地区的先贤究竟诞生了哪些杰出成就？他们的智慧结晶又有哪些流传至今？舒大刚认为今天梳理这些史料，"既是中华文化的一次寻根溯源，更是巴蜀儿女认识四川历史、凝聚文化自信、同时推动文化代代相传、永葆生机的重要手段。"

2010年开始，舒大刚和20余位学者开始了调查巴蜀文献家底的漫漫征程。他们通过查阅古今书目，走访公私藏家，收集、甄别、分类整理川渝所藏古籍信息和全国所藏巴蜀文献目录，基本摸清了巴蜀历史文献的家底——历史上曾有巴蜀古文献10000种以上，现在保存下来的有5000余种。这些新发现，全部汇成《巴蜀文献通考》《现存巴蜀文献版本暨收藏联合目录》。他们还为1200多种优秀图书撰写了内容提要，介绍图书的具体内容和版本，又精选其中的500多种以现代范式进行标点校勘，编成了1.5亿字的"精品集萃"。不仅如此，研究人员还精挑100种编成"珍稀善本"予以再造重版。如今，《三苏经解集校》《苏轼全集校注》等古籍整理成果已经出版。

"巴蜀地区在先秦时期就陆续有文献出炉，比如《尚书·禹贡》《尚书·洪范》便被认为是大禹以来所传，这是中国第一篇地理志和治国大法。巴蜀文献种类也十分丰富，涉及经、史、子、集等多个方面，印证了'巴蜀好文雅'之说名不虚传。此外，巴蜀学人做学问也兼容并包、心态十分开放。先秦诸子百家观点水火不容，但这些观点传到巴蜀地区，便被学人博采众家之长。司马相如大赋里体现的思想包括了儒家、道家以及其他诸子的学说，扬雄同样把孟子、墨子的学说融会贯通，这种学术上的包容在后面的李白、三苏父子、李调元、郭沫若等人的身上均有体现。"

在《巴蜀全书》里，也记载了数千年来巴蜀地区无数的创新创造。"比如汉代写赋第一人司马相如是四川人，太初历的创造者落下闳来自阆中，四川在全国最早利用天然气煮盐以及凿井吸卤。到了宋代，佛教第一部雕版印刷丛书《开宝藏》率先完成于成都；儒家'十三经'的第一次结集'蜀石经'是在成都；中国历史上第一部词集《花间集》诞生在巴蜀；号称'方志鼻祖'的《华阳国志》是川人常璩所著；第一次拟经制作的《太玄》作者是川人扬雄；第一部妇科著作来自巴蜀……甚至中国首部地域文化的神秘经典《山海经》也极可能诞生在巴蜀。"

《巴蜀全书》的编纂，对巴蜀文化进行了一次系统的寻根溯源，巴蜀先贤对中华文明的贡献，得到进一步挖掘和彰显。《巴蜀全书》未来还将继续出版，而基于《巴蜀全书》的又一个课题《中国西部儒学史》也即将完成，其中就针对巴蜀地区的儒学史进行专门梳理，填补空白的地域性儒学专史呼之欲出。

目前，从四川大学退休的舒大刚又加盟海南省东坡文化研究与传播中心，专心从事"东坡与海南"研究。儒学、蜀学、苏学、海学并举……未来，舒大刚的学术之路还有惊喜。

中华优秀传统文化中的精神内涵和历史价值永不过时

在经典中寻找中华文明的根脉

记　者　习近平总书记提出的"两个结合"中，"把马克思主义基本原理同中华优秀传统文化相结合"被认为是又一次思想解放。中华优秀传统文化尤其是儒家经典在当下究竟具有哪些价值？

舒大刚　传统文化对当下的作用主要有三个方面：寻根、溯源、找魂。

寻根、溯源，就是搞清楚中华文化的根在哪里，是什么。19世纪末20世纪初，骨子里看不起中国的西方人搞了一个"中国文化西来说"。不仅认为中国文化西来，而且认为中国人还没学到西方的精华。事实上这些年我们通过考古，发现大约200万年前出现人类开始，东亚大陆就有人在这里繁衍生息，我们已经拥有了百万年的人类史、一万年的文化史和五千多年的文明史。但是考古成果只提供"有没有"的证据，这些文明的价值是什么，考古提供不了。通过经典文献、通过代代传承下来的中华优秀传统文化，我们可以进一步确定中华文化的根在哪里，价值几何。找到文化的根脉无疑相当重要，因为根扎得越深，树干才能越粗壮、花果才会越繁茂。

魂就是价值观和信仰，同样只能从经典文献也就是中华优秀传统文化中去寻找。在历代经典中，《论语》《中庸》记载了"仁、智、勇"等君子人格，完成了中国人理想人格的塑造；《管子》《孟子》有"孝悌忠信、礼义廉耻"等伦理守则和道德修养；《周易》有"天下和平"，《礼记·礼运》有"大同""小康"等天下观；《孟子》有"民贵君轻"，《古文尚书》有"民为邦本"的政治观念；《论语》《中庸》有"中庸""中和"及"和而不同"等处事原则；《大学》有"格物致知"，《论语》有"学以致其道""学而时习之"等认知方法……可见，以儒家经典为代表的中华优秀传统文化，分别从不同角度和不同层面为我们构建了探索宇宙、认识世界、平治天下、治理社会、修养自身的观念、方法和精神标杆，铸就了中华民族共同的文化精神和灵魂信仰。数千年以后，我

舒大刚（左）接受四川日报全媒体记者专访

们回首这些传统文化，会发现可以帮助我们对很多现实问题进行深入思考和系统解答。所以，中华优秀传统文化中的精神内涵和历史价值永不过时，它们不仅曾经照亮历史的星空，也将点燃民族的未来。

记　者　当下我们应该怎样传承弘扬古籍经典里的思想和智慧？

舒大刚　一是保护，二是传承与弘扬。首先要展开古籍的收集、整理与保护，尤其是数字化的工作要进行。古籍的数字化可以方便公众随时在网上查阅相关资料，这是重要的基础工作。因为文献是文化

最主要、最可靠也最充分的载体，传承弘扬中华优秀传统文化的源头活水就在古籍里面。第二就是要重视优秀传统文化的应用。我们要把古籍当中的优秀文化理念、治国理政的方式方法等进行提炼，真正做到把马克思主义基本原理同中华优秀传统文化相结合，为文化自信提供力量源泉，为治国理政提供重要参考。

巴蜀文化是中华文明5个特性的生动体现

记　者　中华文明连续性、创新性、和平性、统一性、包容性这五大突出特性，巴蜀文化是如何体现的？

舒大刚　因为巴蜀地区地理位置的相对独立，所以文化在这里生生不息，从未中断，中华文明连续性的特征保持得比较好。只是在先秦以前，巴蜀地区因为和中原联系的时间不多，所以巴蜀的历史文化见于儒家文献记载的机会很少。司马迁写《史记》的时候也没有写巴蜀的世家，因为他看到的巴蜀文献多志怪材料，所以解释"至《禹本纪》《山海经》所有怪物，余不敢言之也"。其实在司马迁的同一时代，像司马相如、扬雄等来自巴蜀地区的文人就注意到了本土历史。司马相如写了《蜀记》，扬雄写了《蜀王本纪》，记载了从"开国何茫然"的蚕丛，到"传十二世"的开明王朝等古蜀五主递相嬗代的历史。他们开启了巴蜀人写地

方历史的风潮。到东晋时，史学家常璩集巴蜀历史之大成，写成了《华阳国志》，把蜀人从"出于人皇"之际的历史一直写到了东晋，梳理出了巴蜀历史的连续性。此后，巴蜀地区还有《蜀中广记》《蜀典》等著作，对区域历史一直没有间断地进行了记录。即使从全国范围来看，巴蜀地区都是为数不多的可以做编年史的区域。

中华文明的统一性，在巴蜀文化中也有体现。李白在《蜀道难》中曾写过"所守或匪亲，化为狼与豺"，也就是巴蜀地理单元的相对封闭，很容易让别有用心之人在蜀地形成独立王国。但历史上这种情况不多，更多的是巴蜀地区是国家统一的根据地和维护统一、抵抗侵略的"桥头堡"。早在武王伐纣时，以蜀国为代表的西南地区8个国家就积极参与。所以热衷于伸张道义，是巴蜀人骨子里有的气概。此后秦统一六国，第一站先取巴蜀，才有了纵深根据地和军事物资的来源，东征天下才有必胜把握。唐代两次中原战乱，两任皇帝都跑到成都避难。因为巴蜀没丢，才有可能收复天下。到南宋时蒙古入侵，因为巴蜀的坚挺，南宋才又坚持了一百多年。尤其近现代的抗战和三线建设，都体现出巴蜀地区在祖国统一中举足轻重的地位。

至于和平性，巴蜀只要没有大灾和外敌入侵，成都平原人们的生活是十分安逸的。从《山海经》里描写的都广之野和平安逸的先天条件，到都江堰修好后"天府之国"的水旱从人，再到杜甫安史之乱来川后感受到的"花重锦官城"，甚至马可·波罗到成都时离蒙古人破坏成都后才几十年，但看到的又是一派繁华情景，都说明了巴蜀地区只要没有外来的战争，内部发生纷争的可能性较小，爱好和平是巴蜀人骨子里的追求。

包容性同样体现在巴蜀文化中。尤其在学术上体现了多样性。西汉司马相如就提出"兼容并包""参天贰地"的治理观念，严遵、扬雄"博采诸子"，赵蕤、苏轼提出"诸学互补"，到当代萧萐父更是有了"多维互动，漫汗通观儒释道；积杂成纯，从容涵化印中西"的庞大学术气魄。巴蜀文化一直秉承了"兼容并包""积杂成纯"的治学风格。

创新性当然也是巴蜀文化的鲜明底色。汉代"文翁石室"肇开天下郡学、"七经"教育之先河，"蜀刻石经"形成儒学"十三经"、经传子史并重的典范。此外，唐末益州发明雕版印刷术；北宋中期，成都发行商用交子，对人类文明影响深远。汉代落下闳制定《太初历》，创下阴阳合历典范，《华阳国志》奠定了方志体裁，《食性本草》首开食疗保健，《海药本草》首记域外灵药……凡此种种，无不说明巴蜀儿女是中华文化的重要创造者和创新者。

45

苏东坡民本思想在今天仍然光芒闪耀

记　者　习近平总书记视察三苏祠时曾说"一滴水可以见太阳，一个三苏祠可以看出我们中华文化的博大精深"。三苏尤其是苏东坡的身上究竟有哪些闪光点？

舒大刚　三苏父子的确可以反映整个中华文化的主体内容。中华文化有儒释道等多种，三苏父子虽以钻研儒学为主，但道家、佛家的思想均有采纳，融会贯通、海纳百川。他们的贡献绝不局限于文学。

事实上三苏著述涉及经、史、子、集。像苏东坡除了在诗词歌赋上均有成就，还著有《东坡易传》《东坡书传》《论语说》，对历史人物进行点评的著述也十分丰富，在医学、养生方面也涉猎颇深；苏辙著有《春秋集解》《诗集传》《孟子解》等，甚至还改写了司马迁的《史记》；苏洵则与人合著了《太常因革礼》100卷，这既是一部制度性的礼书，又是一部史书。三苏父子在中华文化方面的成就，的确可以印证习近平总书记所说的"一滴水可以见太阳"，这是一个客观的事实。《宋史》评价东坡"器识之闳伟、议论之卓荦、文章之雄隽、政事之精明"，也就是赞东坡有格局有眼界，看问题能够高屋建瓴，文章写得太好了，处理政务也利索有政绩。当年孔子培养门人的四个方向，他一个人全部具备了。

从思想上来说，苏东坡的思想重心和执政重心很清楚。一是为君，二是为民，也就是民本思想。为君，并不是去讨好去阿谀奉承，而是要把君王往尧舜贤君的方向上引。为民，也就是要为民谋福利。他的民本思想不是停留在口头上，是真正地从人民的利益出发。苏东坡甚至还有一种观念，在老百姓饿着肚子时，不能去要求他们的道德品质，更不可能让老百姓拥护你。只有让大家丰衣足食，老百姓的德才会正，社会也才能达到和谐。当然，上天设立了从君到相等各级机构和官职，也提供了俸禄，这不是让官员作威作福享乐腐化，而是给老百姓办事的。因为百姓交租交粮纳税的条件就是朝廷必须为他们服务。你不服务就会失去民心，失去民心就会失去政权。在宋朝那个时代，苏东坡能始终站在老百姓的立场说话，这非常不简单。

此外，苏东坡在哲学、伦理、宇宙观等方面也有很多深刻的思考，高出了当时很多空谈人性的人。比如当时宋代的理学家空谈人性，认为要存天理、灭人欲。苏东坡就认为如果人欲都没有了，那天理还有什么用？再好的真理，如果没有人去实践它，它也不会发挥作用。所以，如果说宋代程朱理学是以理为本，陆九渊是以心为本，张载是以气为本，那么三苏父子便都是以情为本。他们是重要的思想家，有非常成熟的哲学思维，在政治、伦理等领域都有系统的思想，值得深入挖掘。苏东坡的民本思想至今仍然不过时，和中国共产党强调的国家一切权力属于人民、为人民服务的理念一脉相承。另外，苏东坡为人也很有气节，他能够以自己的志与气来维持他的整个理念不动摇。苏东坡这个人的气节超越时代和阶级，仍然值得今天的人学习。

（吴晓铃）

文化传承发展

百人谈

46

提　要

● 只有把中国放在世界文化的大格局下看待，才能更清晰地认知中华文明的特质和优势，因此"中国考古一定要走出去"，而丝绸之路是首选

● 丝绸之路是欧亚大陆东方和西方文明交往互动的大通道，因此，这一领域的研究不能只有西方视角，还必须有东方视角

● 古丝绸之路是人类共有的历史文化遗产，不断拓展丝路考古研究的深度和广度，需要同共建国家加强交流合作

● 考古工作不仅要获取科学研究的资料和信息，还必须做好文物的保护、展示和考古成果的社会共享

丝绸之路考古合作研究中心首席科学家、西北大学教授

王建新

王建新，长期从事游牧文化聚落考古、秦汉考古、西部考古、文化遗产保护等方面的研究工作。现任丝绸之路考古合作研究中心首席科学家、西北大学丝绸之路研究院首席考古学家，兼任中国考古学会丝绸之路考古专业委员会副主任委员、中国考古学会秦汉考古专业委员会副主任委员、国家社科基金学科组评审专家等。

先后主持国家大遗址保护专项、国家社科基金重大招标项目等省部级以上项目十余项，成果曾入选"全国十大考古新发现"。1999年以来，致力于丝绸之路沿线考古和大遗址保护工作，经过长期艰苦努力，最终确认了《史记》《汉书》等文献记载的古代月氏和康居等文化遗存，取得了中国科学家在中亚考古研究领域的重要突破。

为用中国话语阐释丝绸之路历史提供科学依据

2100多年前，中国汉代使者张骞自都城长安出发，出使西域寻找月氏。这一壮举，成就了一条丝绸之路，成为东西方文明交流互鉴的里程碑。

张骞出使西域2100多年后，王建新同样从西安出发，再次寻找月氏。这一文化之旅，让他成为首个进入中亚开展考古研究的中国学者。

从1999年开始，经过20多年的艰辛探寻，王建新和他带领的考古团队，沿着张骞出使西域的足迹，从甘肃到新疆再到中亚地区，取得了一系列首创性的重大考古发现，确认了中亚地区古代月氏、康居和早期贵霜文化的特征及分布范围，建立了《史记》《汉书》等文献中的相关记载与考古遗存之间的联系。这些成果，不仅得到了在中亚工作的各国考古学家的关注，也为丝绸之路考古提供了广受认可的"东方视角"和"中国方案"。

用王建新的话说，"为用中国话语阐释丝绸之路历史提供了实证资料和科学依据"。

◆ "中国考古一定要走出去"

"西安是古丝绸之路的东方起点，也是我进入丝路考古的起点。"王建新头发花白，眉毛竖起，虽已年过七旬，说起话来仍然声如洪钟。

1978年10月，王建新考入西北大学历史系考古专业，1982年7月毕业后留校任教。1994年，王建新担任西北大学考古教研室主任，主持该校考古学科的建设工作。王建新说，西北大学的考古专业设立于1956年，是新中国成立后全国第二所设立考古学科的高校。但是经过近40年时间，当时却面临着严峻的学科发展困境，"学科特色和发展方向亟待明确"。

　　时任清华大学教授的李学勤先生专门托人带话给王建新："西北大学考古一定要搞丝绸之路。"在经过大量调研后，王建新提出并确立了"立足长安、面向西域，周秦汉唐、丝绸之路"的十六字学科定位和发展方向。

　　王建新说，从西北大学考古学科建设和发展的历程来看，本来就有丝绸之路考古研究的学术传统。中国丝绸之路考古研究的开创者黄文弼先生，曾经是西北大学历史系和边政系的教授。20世纪40年代，他作为西北大学的教授，多次前往丝绸之路沿线的甘肃和新疆开展考古调查和发掘工作，并参与调查发掘了张骞墓。

　　但同时，王建新也发现，中国考古学界对于丝绸之路的研究过去主要限于境内，对境外的研究很少。直到20世纪末，中国考古学界还没有走出国门。

　　时间到了1999年，在成都召开的中国考古学会年会上，王建新借着闭幕式发言的机会，呼吁"中国考古学应该尽快走出国门""开展境外考古工作不能再等"。会上，王建新明确提出，应该首先在作为东西方文明中间地带的中亚地区开展考古工作。

　　王建新说，当时主要是从两个方面考虑。第一，从中国考古学科自身的发展建设来看，中国考古学界在中国考古学之外的领域几乎没有发言权，这与中国这样一个大国的考古学科的地位极不相称。第二，从文明研究来看，当时国内的文明探源研究已经开始，研究中华文明如果不了解世界上其他文明，特别是中国邻近国家和地区文明的特征和形成、发展过程，就无法看清中华文明的特征和形成、发展过程。

在王建新看来，只有把中国放在世界文化的大格局下看待，才能更清晰地认知中华文明的特质和优势，因此"中国考古一定要走出去"，而丝绸之路是首选。

◆ 沿着张骞的足迹寻找古代月氏

如何继承和发扬过去的学术传统，再次启动丝绸之路考古研究工作呢？王建新选择了将寻找和确认古代月氏的考古学文化遗存作为开展研究的切入点。

中国历史文献记载，古代月氏人在受到匈奴的打击后，从中国境内迁徙到了中亚地区。汉武帝时，张骞受命出使西域联合月氏人抗击匈奴，这是丝绸之路历史上的重大事件。"寻找月氏"，王建新认为是丝路考古的应有之义。

"选择月氏，还有一个原因，就是受到国外同行的'刺激'。"王建新坦承。原来早在1991年6月，日本著名考古学家樋口隆康来西北大学作学术报告，精通日语的王建新负责接待和翻译。报告过程中，樋口隆康向台下的师生问道："中国境内月氏的考古文化遗存在哪里？"现场众人面面相觑，无人能够回答。樋口隆康接着说："要知道，中国才是月氏的故乡。"

"作为中国的考古学者，需要说清楚一支故乡在中国的游牧人群的历史踪迹。"王建新说，但长期以来，无论是在境内还是在境外，古代月氏人的考古学文化遗存都没有得到确认。

王建新提出"两步走"方针，先在中国境内开展工作，寻找和确认古代月氏人在境内生活期间留下的考古学文化遗存。在境内工作的基础上，一旦时机成熟，就可以把工作延伸到境外。

根据《史记》《汉书》等文献记载，月氏在国内的历史踪迹位于"敦煌、祁连间"。"敦煌、祁连间"到底在哪里？王建新仔细研读、分析历史文献发现，汉代文献中的祁连山，不是今天的祁连山，应该是现在的天山。

经过相应的学术准备后，2000年，王建新率领西北大学师生组成的一支考古队，走进茫茫戈壁。经过数年的探寻，2007年终于在新疆东天山地区发现了疑似古代月氏王庭遗址的"石人子沟（东黑沟）遗址群"。

"过去长期找不到月氏人的考古学文化遗存，是因为寻找工作的区域错了。"王建新说，无论是历史文献资料、考古资料还是环境资料都表明，汉代文献中的"敦煌、祁连间"不在传统认为的河西走廊西部，应该是指以新疆东部的东天山为中心的地区。"石人子沟（东黑沟）遗址群"的发现，让曾经谜一样的草原民族月氏的身影，在2000年后再一次闪现在世人面前。这一考古成果，也被考古界称为21世纪初新疆考古中最重大的发现之一，并入选2007年度全国十大考古新发现。

王建新（右）接受四川日报全媒体记者专访

◆ 进入中亚势在必行

要继续追踪古代月氏，必须进入中亚地区。

王建新说，对于西迁之前的古代月氏考古学文化遗存的特征和分布地域，国际学术界此前没有共识。因此，寻找和确认西迁中亚后月氏人的考古学文化遗存，并将其与东天山地区的古代游牧文化遗存进行系统比较研究，实现两者的互证，才能使我们的研究结论得到国际学术界的公认。2009年6月，王建新首次进入中亚地区，对乌兹别克斯坦和塔吉克斯坦的考古遗址进行了15天的考察，初步了解了两国古代文化遗存的分布状况和特征，为开展中亚考古工作奠定了基础。

2011年春季和秋季，西北大学与国家博物馆、陕西省考古研究院联合组队，先后对塔吉克斯坦和乌兹别克斯坦进行了较为全面的考察。

由于没有专项经费的支持，在开始的几年内，王建新团队在中亚的工作只能是小规模的单位行为、纯学术活动，无法开展全面系统的工作。

2013年9月，习近平总书记访问哈萨克斯坦期间首次提出共建"丝绸之路经济带"倡议。此后，王建新的工作受到各界重视，获得了陕西省政府专项经费的资助，前期的积累很快转化为一个个考古成果。在中亚考古期间，王建新带着团队跑遍了乌兹别克斯坦和塔吉克斯坦南部的西天山地区，逐步探索出"大范围系统区域调查与小规模科学精准发掘相结合"的研究范式：通过大范围系统区域调查，逐步熟悉研究涉及区域的地形、地貌和环境，逐步了解不同时期、不同类型文化的分布特征和规律。在此基础上，逐步了解已有研究的缺陷和空白，准确地抓住解决问题的关键。

利用这种范式，在乌兹别克斯坦西天山地区——国际学术界认为的"空白地带"，王建新团队有了重要新发现。

2015年和2016年，在乌兹别克斯坦撒马尔罕西南的西天山北麓山前地带，王建新找到了属于康居文化遗存的撒扎干遗址，发掘了迄今规模最大的康居贵族墓。根据《史记·大宛列传》记载，张骞当年正是经康居抵达月氏。

以此为线索，2016年考古队在西天山以南发现了拉巴特遗址。王建新说，从墓葬形制、埋葬习俗来看，拉巴特墓地与中国新疆东天山地区的"石人子沟（东黑沟）遗址群"文化遗存面貌相似，而且该遗存在时间、空间和文化特征上，与中国古代文献所记月氏西迁巴克特里亚地区的历史相合，可以确认是古代月氏留下的考古学文化遗存。2019年"中乌联合考古成果展——月氏与康居的考古发现"在乌兹别克斯坦国家历史博物馆展出，引起国际学术界以及全球各大媒体的高度关注。2020年12月，"绝域苍茫万里行——丝绸之路（乌兹别克斯坦段）考古成果展"在故宫博物院举办。

从1999年开始，经过20多年的艰辛探寻，王建新带着团队在中亚考古研究领域取得一个又一个重要突破，使中国在丝绸之路一些重大课题的研究上有了发言权，甚至决定权。

丝绸之路研究要有"东方视角"

游牧考古研究领域已处于国际领先水平

记　者　丝路考古对于我们认识古代文明提供了哪些新角度？

王建新　中国考古学科的理论和方法体系，是在研究以黄河流域和长江流域为中心的农业文化的实践中逐步形成、发展和完善起来的。长期以来，中国考古学界对游牧文化的考古研究很不充分，研究工作不多，研究资料和成果有限，更缺少研究理论和方法的创建。

古代游牧文化遗存研究是丝路考古的重点之一。那么我们该如何研究古代游牧文化？游牧考古研究需要什么样的理论和方法？

比如游牧人群"逐水草而居、居无定所"这一观点流传已久，导致中外考古学家在研究古代游牧文化时，往往只进行墓葬的发掘研究，而忽视聚落遗址的存在。但实际上这里存在误会和偏见。游牧人群主要生活在欧亚大陆北方草原地带，这一地带普遍的环境特征是纬度高，有很多地方海拔也高，冬季寒冷。对于游牧人来说，到了冬季，几乎所有人都要定居，定居就会有定居的场所和居住的房屋，就会形成大大小小的聚落。到了夏季，虽然大多数普通牧民开始过起"逐水草而居"的游牧生活，但也有少数人仍然过着定居生活。从我们对古代游牧人群考古研究所获得的资料来看，游牧中有定居是欧亚大陆北方草原地带游牧人群普遍的生活方式。

古代游牧人群有定居的聚落，就会留下居住遗址。于是我们在国际上首先提出了游牧聚落考古研究的理论和方法，颠覆了对游牧生活的传统偏见，大大丰富了古代游牧文化的内涵和考古研究的内容，使我们在游牧考古研究领域处于国际领先水平。同时，我们还发现，居住遗迹、墓葬和岩画，是古代游牧聚落遗址的三种基本文化要素。在过去的研究中，这三种要素被割裂，居住遗迹甚至被忽略，因此难以了解古代游牧文化的全貌。现在，我们必须将这三种要素作为游牧聚落考古研究的主要对象，进行"三位一体"的综合研究，这样才有可能全面系统地揭示古代游牧文化的面貌和特征，了解古代游牧人群的经济状况、社会组织和军事组织状况以及古代游牧人群与农业人群的关系等。

提供了丝路考古的中国方案

记　者　丝路考古对于中国的丝绸之路研究有何意义？

王建新　丝绸之路是人类共有的历史文化遗产，丝绸之路研究是国际学术
　　　　界共同关注的重要领域，丝绸之路的概念就是西方学者在19世纪
　　　　提出来的。100多年来，西方学术界对丝绸之路地理、历史和考
古的研究持续不断，积累了大量研究资料和学术成果，这一研究领域的话
语权和研究的主导权也几乎都被他们掌控。

文明交流是双向的，丝绸之路是欧亚大陆东方和西方文明交往互动的
大通道，因此，这一领域的研究不能只有西方视角，还必须有东方视角，
只有将东西方视角相结合，才能建立起全面的认识，复原真实的丝绸之路
历史。

经过20多年的丝绸之路考古研究实践，我们逐渐形成和完善了游牧聚
落考古研究的基本理论和方法。要在丝绸之路考古研究中实现学术创新和
超越，还必须抓住国际考古研究的重大课题，通过坚持不懈地努力取得进
展和突破，推动我们在国际学术界获得话语权。古代月氏人西迁是丝绸之
路历史上的重大事件，对古代月氏人的研究，是国际上考古学、历史学、
人类学、语言学等多个学科共同关注的重大课题。20多年来，我们在古代
月氏文化的考古学探索方面进行了坚持不懈的努力，从国内到国外，从东
天山到西天山，我们积累了大量第一手的考古资料，对国际学术界的一些
流行观点甚至写入教科书的结论提出挑战，取得了许多阶段性的研究成
果，获得了不容忽视的话语权。目前，我们正在利用通过多学科研究获取
的信息和数据，完善我们的证据链条，使我们的研究结论最终得到国际学
术界的公认。

我们也欣喜地看到，自共建"一带一路"倡议提出以来，我国一些学
术机构和学者走出国门，在中亚、西亚、南亚、北亚、非洲等地区开展了
丝绸之路的沙漠绿洲之路、草原之路、南方丝绸之路、海上丝绸之路等相

关考古研究工作，取得丝绸之路研究的重要进展和突破，发出了丝绸之路考古研究的中国声音，提供了丝路考古的中国方案。

记　者　和国内考古相比，在中亚地区开展的丝路考古最大的挑战在哪里？

王建新　挑战有很多，比如语言，中亚地区已发表的考古资料多为俄语，还有乌兹别克、塔吉克、吉尔吉斯、哈萨克等民族语言，对我们来说存在严重的语言障碍。虽然我们也通过编译工作和年轻一代学者的培养努力克服语言障碍，但这是一个漫长的过程。

更重要的，还随时面临着国际同行的"挑战"和"考验"。

比如，2014年春季，我们在乌兹别克斯坦撒马尔罕盆地南侧的西天山北麓进行了考古调查。调查工作结束后的一天上午，我们遇到了国际公认的欧亚考古"三巨头"之一的意大利学者妥金。当时他很不客气地对我们说："我们在这里调查了十几年，该弄清楚的都清楚了，你们还来干什么？"当天下午，我对着乌方合作伙伴和在场的法、德、意等国的学者做了本季度工作的总结报告。当他得知中乌联合考古队在他调查过多年的地方又取得新的突破性发现后，他的态度立马发生了转变，不仅邀请我们喝酒，还积极商谈合作研究。

2017年和2018年，我们发掘了在乌兹别克斯坦南部山前地带发现的拉巴特遗址，经过多方面对比研究，确认是古代月氏人留下的考古学文化遗存。当时正好有一支日本的考古队，在离我们不远的河旁平原地带，发掘一处早期贵霜和贵霜帝国时期的城址。他们到我们的挖掘现场看了以后，质问："你们发掘出的陶器跟我们发掘出的陶器是一模一样的，为什么我们是贵霜的，你们是月氏的？"

对于日本学者质疑，我们以亚洲内陆干旱地区特有的古代农牧关系方式进行回答。游牧经济对农业经济有天生的依赖，很多东西自己不能生产，就需要进行交换。苏联学者在中亚费尔干纳盆地就发现类似现象，盆地周边山前地带生活的游牧人群的陶器，来自盆地中心的农业人群，我们在新疆地区也发现类似现象。所以拉巴特遗址月氏人的陶器来自贵霜人。

随着西天山地区古代月氏人考古学文化遗存的确认，古代月氏人与贵霜人的关系成为必须探讨的新的关键课题。

贵霜帝国是曾存在于中亚和南亚的古代盛国，学术界此前一般认为，贵霜人是古月氏人的一支——也就是说，贵霜王朝是由月氏人建立的。

通过丝路考古，我们发现贵霜人的文化遗存，与已发掘的古代月氏人的墓葬形式、文化特征、经济形态、分布地域完全不同，贵霜人呈现出多种来源、多种宗教、多种文化等特征。经过大量研究，我们认为贵霜人是希腊巴克特里亚人后代的一部分，建立贵霜王朝的是贵霜人，不是月氏人。这是我们的新结论，也可以说是颠覆国际学术已有结论的一个新认识。

在丝路考古领域展现大国担当

记　者　开展丝路考古要遵循什么原则？

王建新　首先，要有尊重的态度，尊重所在国的历史、文化遗产和人民，尊重我们的合作伙伴。比如，在乌兹别克斯坦境内的考古工作过程中，我们与合作方乌兹别克斯坦科学院考古研究所以及乌方参与合作研究的塔什干大学、泰尔梅兹大学的学者建立了深厚的友谊。

其次，在境外考古工作中，我们要有负责任的态度。考古工作不仅要获取科学研究的资料和信息，还必须做好文物的保护、展示和考古成果的社会共享。我们坚持对考古发掘现场进行认真的回填保护，为了有利于考古发掘现场的保护和展示，我们在乌兹别克斯坦撒马尔罕撒扎干遗址一座大型墓葬的发掘过程中，修建了保护展示大棚。

作为在境外开展工作的中国考古工作者，我们必须时刻牢记，我们的言行代表了中国考古学科和中国人的形象。我常常跟队员说，我们不能在中亚进行只要资料不保护文物的"掠夺式考古"，我们以负责认真的态度和科学踏实的作风，赢得所在国合作伙伴和各界人士的尊重和信任，使我们的境外丝绸之路考古工作能为增进我国与各国之间的相互了解、理解和人文交流作出贡献。

同时，在考古领域我们也展现了负责任大国的作为和担当。在乌兹别克斯坦、塔吉克斯坦、吉尔吉斯斯坦三国交界的费尔干纳盆地，是古代丝绸之路的枢纽之地。但由于历史原因，这一地区的三国边界曾长期互相隔离，文化交流中断。我们进入中亚开展丝路考古后，在已有双边合作开展中外联合考古工作的基础上，于2019年3月，把乌、塔、吉三国学者请到了西安，大家就多边合作开展费尔干纳盆地的考古工作达成共识。当年9月，又在吉尔吉斯斯坦举行了首次中、乌、塔、吉四国联合考察和学术交流活动。在我们的牵头和努力下，形成了中外联合考古工作的新局面。

所以，丝路文明交流互鉴的新篇章，正在不断续写。

为高质量共建"一带一路"作贡献

记　者　面向未来，丝路考古应该如何向前推进？

王建新　研究丝绸之路沿线国家的历史，就是为了更好地理解它的现在，增进我国与相关国家的相互了解和理解、推动实现民心相通。这是丝绸之路考古为高质量共建"一带一路"所作的重要贡献。面向未来，我们还要不断拓展丝绸之路考古研究的深度和广度，要依托中国古代文献2000多年来对古丝绸之路历史连续不断的记载，认真做好"一带一路"共建国家的联合考古工作，真正用中国话语阐释古丝绸之路的历史。

第一，要坚持目标导向和问题导向。我们的丝绸之路研究要有明确的学术目标，在全面了解已有研究资料和学术成果的基础上，锚定丝绸之路历史及其考古研究中的重大学术课题，关注共建"一带一路"中急需解决的现实问题，通过坚持不懈的考古工作获取第一手资料，不断取得能够填补研究空白、纠正偏见和谬误的重大研究成果，为推动共建"一带一路"高质量发展提供学术支撑。

第二，要加强研究队伍建设。开展丝绸之路考古研究，需要源源不断培养一大批有国际视野和国际工作能力、能够掌握多国语言、能够深入研究和了解"一带一路"共建国家历史和现状的专家学者。

第三，要加强交流合作。古丝绸之路是人类共有的历史文化遗产，不断拓展丝路考古研究的深度和广度，需要同共建国家加强交流合作。比如，在联合考古中坚持研究资料和研究成果共享，形成共同发展的多赢局面，夯实长远合作的基础；对丝绸之路各条路线的遗产构成和分布开展全面系统的调查研究，以负责任的态度做好遗产保护工作，积极分享我国大遗址考古、大遗址保护工作的理念和实践经验，促进和协助"一带一路"共建国家做好遗产保护工作。

（王国平）

文化传承发展

百人谈

47

提 要

● 应该把中华文化放到更广阔的世界文明的坐标中去审视，这样对中华文化的认识可以更全面、更深刻

● 我们的文化自觉和文化自信，不仅来自我们对自身悠久历史文明的认识和体会，也来自对我们的文明在世界文明中的地位和贡献的了解和认识，来自对中华文明的世界形象的了解和认识

● 在数千年的时间里，东西方一直互相寻找、了解，用现在的话说，这是中西文化之间的"双向奔赴"

● 纵观几千年中华文化发展的总趋势，开放性使中华文化保持一种健全的文化交流态势、文化传播和输入机制

武斌 | 历史文化学者、北京外国语大学特聘教授

　　武斌，历史文化学者，北京外国语大学中华文化国际传播研究院特聘教授。曾任辽宁省社科院副院长、辽宁省文联副主席、沈阳故宫博物院院长、中国中外关系史学会副会长等。自20世纪90年代起，专注于研究中华文化在海外的传播与影响。30多年来，出版《新编中华文化海外传播史》（6卷）、《重回1500—1800——西方崛起时代的中国元素》、《天下中国——世界文明交流互鉴的中国范式》、《望东方——从古希腊到1800年的西方中国报告》（3卷）、《中国接受海外文化史》（4卷）、《丝绸之路全史》（2卷）、《文明的力量——中华文明的世界影响力》、《孔子的世界——儒家文化的世界价值》等专著数十部。

以世界文明为坐标，
探寻中华文化的贡献和影响

中华文化为何能走向世界？

"在世界文明整体格局中，中华文化在很长一段时间里都居于领先地位。而且中华文化的先进性不仅仅是某个领域、某个方面的领先，而是整体性的领先。"

"回望"中华文化，为何需要世界视角？"从这个方面、这个角度去认识中华文化，就会更全面、更深刻，也更能了解我们在世界文化史上所占据的地位和影响。"在武斌位于沈阳的书房里，对于记者的这两个问题，他如此回答。

作为世界文明的重要组成部分，中华文化一直持续不断地影响着外部世界。自20世纪90年代初以来，武斌对"中华文化在世界上的传播和影响"这一课题潜心研究了30多年，一大批著作不仅填补了该领域的学术空白，更开辟了观察中华文化的新维度。

"回顾中华民族先人走向世界、认识世界的历史，我们会时时感到，这是一个波澜壮阔、丰富多彩的文化历史，也是一个跌宕起伏、开拓创新的思想历程。其中，蕴含着我们民族开放谦逊的美德，也锻造着民族文化博大的包容精神。"武斌说，通过对中华文化在世界各地传播和影响的认识，会更加坚定我们对于自己民族文化传统的自信心，增强在新时代发展民族文化、担当推动世界文化发展使命的自觉性。

发现一座学术富矿

虽然主业是研究中华文化，但武斌最初学的是哲学。作为恢复高考之后的第一届大学生，武斌就读于南开大学哲学系。毕业后，武斌进入辽宁社会科学院工作。他最开始研究的是西方哲学史，并小有成果，先后出版了《性灵之光——西方大哲学家轶事》《中外哲学家辞典》《哲学传奇》等书。

彼时，思想敏锐的武斌注意到，随着改革开放的深入，社会文化迎来一个非常活跃的时期。"如何面对现实生活，服务社会实践，这是当时对我们青年学者的时代要求。"武斌说，学哲学的目的，不是都要去当哲学家，都去研究康德、黑格尔，最重要的是形成一种思考问题的方式。

哲学的思维方式是什么？"我觉得首先是想明白，无论是做学术研究还是具体工作，都要搞清楚面对的客观事物是什么；其次，想明白了还要说明白。"

因此，在20世纪80年代末期，武斌从西方哲学纯粹的学术研究转向社会文化的现代化研究，并于1991年出版专著《现代中国人——从过去走向未来》。在这本书中，武斌试图寻找中国人的历史方位以及剖析20世纪对中国人的塑造、中国人对20世纪的接受与回应，他用这种方式解读转折时期中国人的内心世界。

在这一过程中，一家出版社向武斌约写一本有关爱国主义教育的书稿。"当时我就想，爱国主义教育应该从哪个角度讲，按照传统的思路，从古到今这么讲下来也可以。"武斌说，"但我想写出新意。"于是，"中华文化的世界性影响"在武斌构思中逐渐成形，"爱国，首先是爱我们的民族，爱我们的文化，我就想到如何从外部视角让读者了解中华文化。"

"想明白"了这个题目，还要把它"说明白"。1993年，经过3年时间的写作，《中华文化在海外的传播》出版。这本书虽然是一本通俗读物，仅有20多万字，但在读者中收获了热烈的好评，被国家五部委评选为"百部爱国主义教育图书"之一，同时入选的图书还有长篇小说《青春之歌》《林海雪原》等。

自这本书之后，武斌正式将研究领域转向了中华文化在海外的传播与影响。"当时还没有'文化自信'的说法，但我已经注意到了中华文化对世界的贡献和影响，应该把中华文化放到更广阔的世界文明的坐标中去审视，这样对中华文化的认识可以更深刻、全面。"武斌说，这次出版社的约稿让他发现了一座无比广阔的学术富矿，进入一个无比广阔的文化世界。

◆ 一本写了30多年的书
从近200万字到480万字

面对一个全新的学术课题，不仅没有学术成果可以借鉴，还面临着资料和研究方法的双重挑战。

"那时候没有电脑，只能天天跑到图书馆去看书、查资料、记笔记，做一些扎实的基础资料积累工作，进而梳理出线索和层次。"武斌说，仅读书笔记他就写了十几本。

1998年，近200万字、三卷本的《中华文化海外传播史》正式出版，这本书填补了该领域研究的空白，也奠定了武斌在这一领域的学术地位。

但武斌仍不满意，认为其中的一些论述不够深刻和全面。所以在这本书出版后，武斌仍然不间断地收集资料。"看书、看材料，特别是最近这20年来，中国的学术发展很快，尤其是一些青年学者的研究非常深入，更多新材料被'发现'或者翻译到国内。"武斌说，这让他的学术更新有了资料基础。

2012年，在退休的第二天，武斌就开始动笔，重新梳理书稿，对《中华文化海外传播史》进行大规模修订，不仅增添大量新内容，更对全书的架构、脉络和叙述方式进行了大刀阔斧的调整。

2021年，480万字、六卷本《新编中华文化海外传播史》由中国社会科学出版社出版，这标志着中华文化在海外的传播与影响的研究达到了新的高度，受到学术界、出版界乃至文化界的广泛关注。学术界认为，该书采取长时段大历史的叙述方式，以现代的全球化、世界化的学术眼光，把中华文化置于世界文明的总体格局之中，全面论述了从文化的发生期开始一直到20世纪，中华文化走向世界的历史全过程；论述了中华文化在不同的历史时段，向海外不同地域传播的载体、形式、内容、过程，以及对世界文化发展的贡献、地位和影响；论述了中华文化向海外传播、走向世界、融入世界文化体系的规律和条件，阐发了走向世界的过程对于中华文化自身发展的意义。

此时，距离武斌涉足中华文化在海外的传播与影响这一领域，已经过去了30多年。

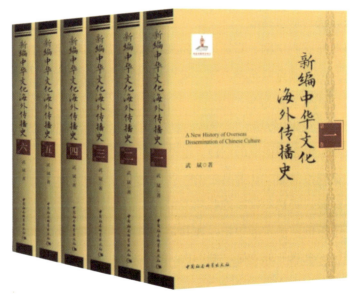

武斌出版的著作

◆ **一次任职经历**

打开更加辽阔的学术视野

翻开武斌的履历，还有一段特殊的博物院院长任职经历。

2004年10月，武斌从辽宁社会科学院调任沈阳故宫博物院院长。担任院长期间，武斌提出建设"研究型博物院"办院方针，把学术研究作为博物院的工作核心，以学术研究统领博物院的业务工作，创办了《沈阳故宫博物院院刊》《沈阳故宫博物院年鉴》等出版物。此后，还出版《沈阳故宫四百年》《故宫学与沈阳故宫》《沈阳故宫论》《沈阳故宫博物院》等专著，主编《多维视野下的清宫史研究》《沈阳故宫与世界文化遗产》等。

"我在博物馆里工作，每天面对的就是过往历史的'现场'，这对我理解历史非常有价值。"武斌说，由此历史不再是文献上一段段文字，而是一个个生动的场景。同时，通过馆际交流，武斌也实地走进中华文化海外传播的遗迹。"能到中华文化海外传播的一些历史现场看一看，和海外汉学家做深度交流，极大提升了我的学术修养，学术研究的视野就会变得非常辽阔。"武斌说。

2012年，从沈阳故宫博物院院长岗位退休后，因为有前期丰厚的积累，武斌迎来学术爆发期，仅2024年就已出版7部著作。在《重回1500—1800——西方崛起时代的中国元素》中，武斌依托丰富翔实的历史资料和图像史料，展现了16—19世纪席卷欧洲的"中国风"，呈现了许多历史细节和宝贵资料，重新探寻中西文化交流重要篇章；在《江河万古流——中华文明何以生生不息》中，武斌从史实出发，深入剖析中华文明的突出特性，探究这些特性形成的根源及其对中国历史产生的深远影响，挖掘中华文明独特的文化传统，寻找潜藏在历史长河中的中华文明得以生生不息的密码；在《丝绸之路文明史》中，武斌着重论述中国各个朝代对丝绸之路的经略和管理，从政治、经济、军事、文化等多个层面，为读者呈现以丝绸之路为载体的中外文明交流史；还有受到各界高度好评的姊妹书《西方典籍里的中国——西方人对中国的想象与认知》和《中国典籍里的西方——中国人对外部世界的想象与认知》，两部书以典籍为客观依据，从世界文明交流互鉴的角度，深刻探讨了中华文明走向世界、世界文明走进中国的历史进程。

武斌出版的著作

目前，关于中华文明的研究，武斌已出版专著60余部。"'中华文化在海外的传播与影响'这一课题的研究，可以说是我多年学术活动的基础。自20世纪90年代初进入这一领域，便一直在这个领域里徜徉，其他研究和著述，大部分都是在这个基础上生发出来的。"武斌在总结自己的学术历程时说道。

以全球视野来"回望"中华文化

通过"他者"眼光来认识自己

记　者　您一直倡导要以全球视野"回望"中华文化，这对于我们今天理解中华文明有怎样的意义？

武　斌　对我们自己文化传统的认识和了解，会更全面、更深刻，会更加坚定我们的文化自信。要文化自信，首先要文化自知。认识我们

武斌（右）接受四川日报全媒体记者专访

自己的文化，有两个路径，一是从我们本身来认识，从史书记载到考古发现，这些都是认识中华文化的线索。但这还不够。中华文明是世界文明的一个重要组成部分，是在世界文明中孕育和发展的。我们看到，两千多年来，西方的典籍在不间断地记录中国，记录中华文化。通过这些文献典籍，可以看到我们自己的文明在他人眼中的样子，看到我们在世界的形象。这些记录和书写，有客观叙述，也有热烈赞誉，还有尖锐批评。赞誉也好，批评也罢，都是在与西方文明作比较。他们是在西方文化的视野下与西方文明作比较来评论中国的，有自己的"期待视野"和"文化眼镜"。阅读这些记载中国和中华文明的西方文献典籍，也是我们通过"他者"的眼光来认识自己的过程。这样，我们的文化自觉和文化自信，不仅来自我们对自身悠久历史文明的认识和体会，也来自对我们的文明在世界文明中的地位和贡献的了解和认识，来自对中华文明的世界形象的了解和认识。

换句话说，追寻中华文化走向世界的过程就是在追寻中华文明的世界价值。我们看到从16世纪到19世纪，中国产品是全球贸易的大宗，中国技术是全球交往的重要力量，中国元素成为欧洲的新风尚，中国思想成为欧洲启蒙运动的主要思想源泉，中西方从物质领域的交换和交流，发展到艺术、思想、文化层面的交流与互鉴。因此，我们必须超越本国、本民族，以全球视野来"回望"中华文化。

中西文化之间的"双向奔赴"

记　者　您的新作《西方典籍里的中国——西方人对中国的想象与认知》和《中国典籍里的西方——中国人对外部世界的想象与认知》这两本书都很有趣。中国和西方，在对方典籍里分别是如何被呈现的？

武　斌　这是一个很有意思的话题。这两本书里都有一个"想象与认知"的副题，说明双方对彼此的认识都是一个从最初雾里看花的奇异想象到逐渐丰满的过程。

我们先从西方看,早在罗马帝国时期,中国的丝绸就已经对西方的生活、经济产生影响。当时他们对丝绸十分好奇,以"赛尔"(Ser)即汉语"丝"(si)的发音来称呼丝绸,以"赛里斯"(Seres),即"丝绸之国"来称呼生产丝绸的国家,但具体这个国家在哪里、什么样他们不知道,只是说"赛里斯人"居住在"东方的边缘",这是西方对中国的早期想象之一。

此后,西方人一直在寻找"丝绸之国"。元朝时期马可·波罗因为在中国生活很多年,他的游记对西方人认识中国起到了非常重要的作用。大航海后,有越来越多的西方人来到中国,特别是明清之际的传教士们,通过一部部著作、一封封长信,源源不断地将在华见闻和关于中华文化的研究成果呈现在欧洲读者面前,大大丰富了欧洲人关于中国的知识,为中华

武斌出版的著作

文化的西传起到了积极的媒介作用，其中像利玛窦、汤若望等很多人都是我们耳熟能详的。

如此，欧洲人对于中国的了解不再是通过种种传闻获得的一个遥远而神秘的国土的模糊印象，而是建立起较为完整的知识体系，并发展成一个独立的学科领域。

从中国来说，早期中国对外部世界的认识，同样夹杂着许多想象和传闻。比如《山海经》中很多记载，就反映了上古时期华夏族群对地理空间的想象和认知，里面的"四极八荒"成为当时人们构筑世界观空间秩序和异域想象的基础。

"西方"，对于中国来说是一个历史概念。随着交通的逐渐发达，中国人所说的"西方"也是不断延伸、不断变化的。秦汉及以前的"西方"，主要是指"西域"，即中亚一带。到唐朝时，中国人所说的"西方"主要是指印度河中下游和恒河流域的广大地区。元代，在中国社会文化舞台上，活跃着很多色目人，其中大部分是波斯人和阿拉伯人，他们充当了那个时代中西文化交流的主角。

明初时郑和所下的"西洋"，指的是印度洋至波斯湾、北非红海一带的海域和国家，这是中国人在大航海时代以前到达最远的"西方"了。晚明时期，欧洲传教士来华后，为了与中国人心目中指称印度、阿拉伯等为"西方"的传统意义相区别，他们自称为"泰西""大西""远西""极西"，以示其所在的国度和地区才是真正的"西方"。到了清代，中国人世界观念里的"西洋"和"西方"指的就是欧洲，此后又加上了美洲，这就是我们今天通用的"西方"概念了。

从张骞出使西域开始，中国人主动去认识世界，主动走向世界。历代中国先贤披荆斩棘，筚路蓝缕，不畏艰险，主动走出国门，走向了自己民族生活之外的世界。他们与其他民族的人们相遇、相识，接触了许多奇异的风俗与文化，看到了许多闻所未闻的奇珍异物，获得了许多新的知识和经验。

在数千年的时间里，东西方一直互相寻找、了解，用现在的话说，这是中西文化之间的"双向奔赴"。

记　者　在中西方互相寻找的过程中，也产生了很多奇妙的"相遇"。

武　斌　这里既有大的文化相遇，也有很多"君子之会"。在17—18世纪，中华文化与启蒙运动的相遇，是一次伟大的文化际遇。这期间，中华文化对法国哲学家笛卡儿、德国哲学家莱布尼茨、启蒙运动领袖伏尔泰等诸多启蒙思想家们的理智活动，对西方新文化的创造和发展，产生了重要的影响，他们都在自己的著作里留下对中国的诸多论述和评论。后来，欧洲的启蒙思想也影响到中国，文化的接触、碰撞，都曾给对方深刻的刺激和影响。

对于"东西君子之会"，我写过一个系列，聚焦研究中西方互鉴过程中的一个个人物。明末清初，欧洲很多传教士来到中国，他们都非常有学问。比如，伽利略的学生汤若望，他在中国交了很多朋友，他们在一起谈论数学、天文学、地理学等，是那个时期很有趣的一道文化风景。意大利人利玛窦和明代人徐光启合作翻译古希腊数学家欧几里得的《几何原本》，那是一件非常重大的文化事件。再比如，英国作家毛姆与中国学者辜鸿铭的会面，也是中西文人之间交往的一个趣话。

正是中西之间一个个"人"的相遇，推动了中西之间文明的交流。

高势能文化吸引全世界关注

记　者　中华文化为何能走向世界，并对世界文明产生巨大影响？

武　斌　一个国家的文化对世界产生影响，很大程度上取决于综合国力。在中华文化海外传播史上，出现过几次非常耀眼的传播高潮，其共同特点和规律是都出现在中国国力强盛、疆域广大、和平发展的时期。汉、唐形成中国历史上强盛的大帝国，元朝更是一个世界性大帝国，而至明清之际，特别是康乾盛世，更达到中国封建社会发展的最后高峰。国力强盛带动当时社会、文化各领域的创新和进步，由此出现文化的大繁荣、大发展。

高势能文化必然吸引来自全世界民众的关注，并主动前来中国学习和了解中华文化，积极向优秀文明靠拢。历史上，中华文化以其凝聚力和辐射力，形成了以中国本土为根源，包括朝鲜、日本、越南等在内的中华文化圈。中华文化圈及其特殊的文化秩序，一直存续到19世纪，而其影响则延续至今。

中华文化在海外广泛传播并产生深远影响，从中华文化自身来说主要有三点原因：

首先，在于中华文化的丰富性。中华民族贡献给人类的智慧，突出表现在丰饶的物产上面，例如丝绸、瓷器、茶叶三大物产极大地影响和改变了人们的生活方式。从物质到精神，从生产到生活，从政治到艺术，从宗教到民俗，都或多或少、或远或近，传播到海外，对世界各民族文化产生多方面影响。

其次，在于中华文化的先进性。在18世纪工业革命以前，中华文化是世界上最先进的文化形态，以耀眼的光芒吸引海外关注。而且，中华文化的先进性不仅仅是某个领域、某个方面居于世界之先，而是整体性地领先于世界。

再次，还在于中华文化的开放性。纵观几千年中华文化发展的总趋势，开放性使中华文化保持一种健全的文化交流态势、文化传播和输入机制。

以高度的文化自信去了解世界

记　者　从您的研究角度看，中华文明生生不息的原因何在？

武　斌　中华传统文化在其产生和发展的过程中，一直存在着注重传承的

100

自觉意识，也具有完善的文化传承机制。与此同时，我们也以高度的文化自信和博大的胸怀，努力去了解世界、认识世界，向其他民族学习先进文化，汲取其他民族优秀的文化成果，不断地丰富和发展自己。

早在春秋战国时期，就出现了"百家争鸣"的文化大繁荣，各家思想的交锋与激荡，诸子之间相互借鉴，形成你中有我、我中有你的局面，由此奠定了中华文化的主要根脉。

直至近代，1840年鸦片战争以后，中西关系发生了根本性变化。鸦片战争及其以后西方殖民主义的入侵，给中国造成了重大的文化危机，促使中华文化和中国社会发生了根本性的变革，走上了从传统向现代转变的艰难而痛苦的过程。

从林则徐、魏源开始，出现了后人称之为"开眼看世界"的努力。而到了19世纪末，又有许多中国人走出国门去看世界，除了带回科学文化知识外，还带回他们对外部世界的直接感受。

"变局观"与世界意识，是中华民族能够走出近代以来的危机和困境，使中华文化得以实现自我再造和更新，并且以新的面貌和新的形式获得新的强大生命力和发展的动力所在。

正如习近平总书记指出："中华文明具有突出的包容性，从根本上决定了中华民族交往交流交融的历史取向，决定了中国各宗教信仰多元并存的和谐格局，决定了中华文化对世界文明兼收并蓄的开放胸怀。"以积极的心态"走出去"，以开放的心态"引进来"，不断地扩大自己的世界眼光，使得中华文化具有了与时俱进的能力，始终与时代同行，这是中华文化具有强大生命力的重要原因所在。

（王国平）

文化传承发展

百人谈

48

提 要

● 音乐搭建起一座跨越国界与语言的沟通桥梁

● 我们有几千年文化和音乐基因的传承，可以吸收西方的东西，来和中国的、民间的元素融合，碰撞出新的火花，创造出新的音乐语言

● 一些高端的艺术不仅有娱乐价值，还有更多启迪人生、启迪智慧、帮助思考的价值

● 用中文演唱西方歌剧，才能打破语言的隔阂，国人才更能感受西方经典歌剧的灵魂

● 用西方人熟悉的语言去宣扬中华文化、讲中国故事是有效果的，也是更容易被别人接受的

郑
小
瑛

著名指挥家、教育家、
音乐社会活动家

人物简介

　　郑小瑛，我国第一位歌剧-交响乐女指挥家、教育家和音乐社会活动家，第一位登上国外歌剧院指挥台的中国指挥，中央歌剧院终身荣誉指挥。曾任中央歌剧院首席指挥、中央音乐学院指挥系主任、我国第一个志愿者乐团"爱乐女"室内乐团音乐指导和厦门爱乐乐团艺术总监，现任郑小瑛歌剧艺术中心艺术总监。曾获法国艺术与文学勋章、两枚俄罗斯"友谊勋章"，是世界合唱比赛荣誉艺术主席团的永久成员。曾获中央音乐学院杰出贡献奖，中国文联、中国音协"金钟奖"终身成就奖，中国歌剧事业特别贡献奖。由她策划指挥、刘湲作曲的交响诗篇《土楼回响》已在全球12个国家上演78场。

播撒经典音乐的种子，
推动"阳春白雪，和者日众"

2024年8月10日晚，福建龙岩永定环兴楼，中国原创大型交响诗篇《土楼回响》在这座承载着深厚客家文化的土楼内奏响，为第十六届海峡论坛·两岸（永定）客家文化交流活动增添了浓墨重彩的一笔。

《土楼回响》于2000年创作完成并首演，由著名指挥家、教育家、音乐社会活动家郑小瑛策划推动，刘湲作曲，此前已在12个国家完整演出77场，均由郑小瑛指挥，创下中国大型交响乐作品演出场次之最。本次环兴楼演出，由她的学生高嵩接棒指挥，郑小瑛特意录制视频向现场观众致意，并导赏了每一个乐章。

郑小瑛是我国第一位歌剧—交响乐女指挥家，曾在20世纪60年代留学苏联，成功指挥了意大利歌剧《托斯卡》的公演，成为第一位登上国外歌剧院指挥台的中国指挥。60岁之后，她越来越"接地气"，在北京、厦门参与创建了多个音乐艺术团体，普及推广高雅艺术。近年来，郑小瑛还活跃于网络平台，致力于用各种方式推动经典音乐走进人们的文化生活。

郑小瑛的艺术追求是"阳春白雪，和者日众"。为此，95岁的她不断携手国内外音乐家，践行"音乐服务人民"的文艺理念，"提升大众的艺术修养，持续将高品质的音乐送到广大观众面前"。

◆ **用音乐搭建跨越国界与语言的沟通桥梁**

郑小瑛仍然活跃在艺术工作与文化交流的一线。

2024年7月19日晚，"友谊始于聆听——中美歌剧牵手唱"音乐会在厦门市郑小瑛歌剧艺术中心爱乐厅举行。国际知名女中音歌唱家卡拉·卡纳莱斯携手多位歌剧表演艺术家、歌唱家、钢琴家，现场演绎《哈巴涅拉》《紫藤花》《大江东去》等中外经典歌剧选段和中国早期艺术歌曲。郑小瑛与卡拉的友谊源于2023年2月的一场中美线上文化交流活动。随后，卡拉到访厦门与郑小瑛会面，举办"中美民间音乐文化沙龙"。2024年2月到6月，双方又参与发起了"中美数字音乐文化交流项目"，由卡拉担任线上研习班主讲导师，邀请杰出艺术家、学者来给学员做分享。

此次访问厦门，卡拉在华侨大学进行了线下讲学，还特意委约了两首

1962年，郑小瑛（右三）在莫斯科指挥自己的第一场歌剧《托斯卡》后留影

表现中美人民友好感情的新作品，积极参加"中美歌剧牵手唱"音乐会。郑小瑛认为，两国艺术家携手交流，增进了人民之间的了解和友情。

以文化人，更能凝结心灵；以艺通心，更易沟通世界。郑小瑛31岁公派留学苏联，33岁在国立莫斯科音乐剧院指挥公演歌剧《托斯卡》，成为第一位登上国外歌剧院指挥台的中国指挥。在她的艺术生涯中，曾在20多个国家指挥演出。对她而言，音乐搭建起了一座跨越国界与语言的沟通桥梁。

具体的沟通方式之一，就是用西方的音乐形式讲述中国故事，表现中国人的思想情感。2000年，郑小瑛第一次回到父亲的出生地福建永定，见到了客家人为繁衍生息、保卫家园而修建的土楼。应她的邀请，作曲家刘湲创作出表现客家人奋斗和发展历程的大型交响诗篇《土楼回响》。

柏林、圣彼得堡、莫斯科、旧金山……每次带着《土楼回响》出国演出，郑小瑛都直奔世界一流音乐厅，展示中国人在高雅艺术、古典音乐上做出的成果。2007年在柏林演出时，乐队女声声部基本上是华人，男声声部基本上是德国人，他们很认真地把发音写在手上，演出时偶尔会看一看。郑小瑛很高兴，觉得外国人用客家话来唱中国的歌曲，让人很有自豪感。

柏林的演出俘获了德国听众，返场持续了10多分钟，类似的情景接连不断。2012年，郑小瑛携厦门爱乐乐团在莫斯科柴可夫斯基音乐学院奏响《土楼回响》，音乐会上半场才结束，热情的俄罗斯听众就抱着鲜花冲上台，说没想到乐团演奏水平如此之高，作品也很有画面感。

◆ 让世界经典也能得到中国大众的喜爱

"歌剧《卡门》讲述的是19世纪备受上流社会欺压的吉卜赛姑娘卡门，为了争取爱的自由而付出了生命代价的悲剧故事。《卡门》是世界上少有的以女中音为主角的歌剧，现在我们来欣赏里面两个主要的唱段……""中美歌剧牵手唱"音乐会上，郑小瑛在每一段演出开始前，总会用几分钟时间介绍作品背景、内容和风格特征等信息，帮助现场听众加深理解。

这种在演出前为观众导赏的模式，郑小瑛从40多年前就开始尝试。当时很多观众不懂歌剧，现场总是闹哄哄的，甚至还有人会问，"你们唱的什么戏啊？怎么不说话啊？"为了让观众听得懂歌剧，郑小瑛决定在正式演出前半小时，在观众休息的走廊里专门针对当天的演出做讲解，给大家介绍一些如何赏析歌剧音乐的知识。

郑小瑛一直秉持"阳春白雪，和者日众"的理念，她相信世界经典也能得到中国大众的喜爱，并激发中国作曲家的创作灵感。与此相关的，就是她倡导的"洋戏中唱"，也就是用中文演唱西方经典歌剧。

1982年，法国方面派出8位专家，到中央歌剧院传授歌剧《卡门》，跟郑小瑛"结对"的指挥家提出，希望能有一个优质的中文译本。"要把法国的艺术传递到中国来，得让中国人知道内容是什么。"歌剧翻译家、音乐家孙慧双花了很大的力气把剧本翻译成中

2023 年 8 月 19 日，郑小瑛指挥歌剧《弄臣》中文版演出

文，郑小瑛帮助他把中文配到音乐里，成为一个标志性的文化交流成果。

郑小瑛说，用本国语言来演唱外国音乐，是全世界都在做的事情。用中文演唱西方歌剧，才能打破语言的隔阂，国人才更能感受西方经典歌剧的灵魂。她自己动手，将前人翻译的歌词，根据自己的经验，配到西方歌剧的音乐里面。"我选择让译本尽量口语化、散文化，观众需要知道歌剧中的情节到底在发生什么样的碰撞，要以最快的速度唤起他们的认知。"

她进而邀请志同道合的艺术家参与演出，"很不容易，要有为中国人民服务的境界，才能推动这个事业。"2022年以来，歌剧表演艺术家孙砾、青年歌唱家李鳌，都是在国家大剧院演完外文原版歌剧《弄臣》《帕老爷的婚事》之后仅一个月，又到郑小瑛歌剧艺术中心排演了同一部作品的中文版。

◆ 三次"创业"，为群众普及推广经典音乐

20世纪80年代末以前，郑小瑛以我国第一位歌剧-交响乐女指挥家、中央歌剧院首席指挥等身份，在音乐表演、教育领域作出了突出贡献。60岁之后，她又经历了三次"创业"，艺术道路越走越开阔。

1989年，由于当时经典音乐受到流行音乐挤压，郑小瑛与大提琴家司徒志文、小提琴家朱丽发起成立了"爱乐女"室内乐团，"为年轻人和百姓普及交响乐，义务地把经典健康的音乐送到学校中去。"

近7年时间里，"爱乐女"总共把241台高质量音乐会，不计报酬地送到学校、工厂、村庄等，惠及观众约23万人次。"我们的贡献，一是为大学生等群体做了一点音乐普及工作，二是培养了德艺双馨的音乐人才，三是用弦乐队加上琵琶、二胡，引领了中西合璧的音乐形式。"

1998年，经著名钢琴家、作曲家殷承宗引荐，郑小瑛应厦门方面邀请南下，主持创建民办的厦门爱乐乐团。"我是很'蠢'的，就会看谱子，连乐团里头应该有人管财务都不知道。"乐团启动之初，条件十分艰苦，

她和第一批乐团成员住在鼓浪屿上的厦门经贸干校，床前便是办公桌；没有专业排练演出场地，就扯几块便宜的白布挂起来吸音。

郑小瑛说："鱼儿离不开水，交响乐也离不开知音的听众。"在她担任艺术总监期间，厦门爱乐乐团每周举办周末交响音乐会，每年举办10场免费的学生普及音乐会，播撒经典音乐的种子。乐团还在鼓浪屿轮渡广场、环岛路音乐广场举行音乐会，为广大市民、游客带来音乐盛宴。

第三次"创业"，则是2010年组建郑小瑛歌剧艺术中心，通过"洋戏中唱"，普及推广歌剧这颗音乐艺术"皇冠上的明珠"。近年来，中心重新上演了民族歌剧《紫藤花》，以及西方经典歌剧《茶花女》《快乐寡妇》《帕老爷的婚事》《弄臣》《费加罗的婚姻》等的中文版作品。

2024年9月，由厦门市文艺发展专项基金资助、郑小瑛歌剧艺术中心和福建省歌舞剧院联合制作的普契尼三幕歌剧《托斯卡》中文版在福州、厦门上演，这是中文版《托斯卡》时隔35年再登国内舞台。"我有个

郑小瑛在观看演出

理念，愿意做一些为国家的文艺事业'查漏补缺'的事情。这是一个长久的事业，我相信会后继有人的。"95岁的郑小瑛，艺术之路依然无限风光。

文化交流，要找到一个共通的契合点

从音乐来讲，我觉得服务就是跟大家共享

记　者　您无论从事演出、创作还是普及推广等工作，"音乐为人民"的理念贯穿始终，您是如何萌生这一理念并贯彻至今的？

郑小瑛　我19岁参加革命，在解放区受到的最初教育就是"文艺为人民服务"。作为一个指挥，很容易把荣誉、成果都归于自己，音乐会上大家鼓掌、欢呼、献花都是给指挥。但是我获得这一切，有机会站到指挥台上做我的工作，都是大众的支持、培养。因此当我在艺术上有一定收获以后，我应该跟大家分享，这是我的乐趣，希望能够跟大家共同呼吸，共享美好。

　　我非常看重"文艺为人民服务"。从音乐来讲，我觉得服务就是跟大家共享，没有什么不好。作为一个表演者，特别是音乐表演者，要被人听见才存在。当你获得人们的共鸣，能够给人们一点喜怒哀乐，那是一种幸福。你不期待掌声吗？你不期待好评吗？你不期待历史的认可吗？那种孤芳自赏、标榜个性、特立独行的表现，我认为比较短视，没有获得一种更大的幸福和满足。

记　者　您一直希望交响乐、歌剧这样的高雅艺术"阳春白雪，和者日众"，如何看待"小众"和"大众"之间的关系？

郑小瑛　"阳春白雪"出自宋玉《对楚王问》，他向楚怀王描述了一位客人在郢中唱歌，起初唱的是《下里》《巴人》，有数千人跟随合唱；随后唱《阳阿》《薤露》，跟随合唱的人数减少到数百人；当唱到《阳春》《白雪》时，跟随合唱的人数不过数十人。这说明了曲调越高雅，能与之共鸣的人就越少。我是搞"阳春白雪"的，接受了高等教育，学习了中外经典音乐，但是希望我的学习成果能够与人民共享，这是我始终的、出自内心的想法。

中华人民共和国成立后，音乐家都在为我们的音乐教育、音乐建设努力工作。改革开放以后，港台流行音乐进入，它的商业性很强，很活跃，在一定程度上误导了年轻人的音乐审美观念，让他们以为那才是现代化的、先进的。我就是想告诉孩子们，音乐是有雅俗之分的，世界上还有这么多优美的、好的音乐。我们既然是专业的音乐工作者，就希望高雅的艺术品种能够有更多的人来享受，哪怕一天多一个也好，"阳春白雪，和者日

郑小瑛近照

众"这就是我的愿望。

记　者　您一直倡导"洋戏中唱"，用中文演唱外国歌剧，这与很多人
　　　　"原汁原味"的想法似乎有些不同。为什么坚持"洋戏中唱"？

郑小瑛　"洋戏中唱"不是我的发明，不是我创立的观念，1956年中国首
　　　　演歌剧《茶花女》用的就是中文。我们国家自从引进外国艺术，
　　　　就考虑到要"洋为中用"。1978年我调到中央歌剧院，用中文演
了多部西方的歌剧，我看到了用中文演的西方歌剧被中国听众接受的那个
热烈场面，也看到了引进西方艺术的价值到底何在。我希望它们的一些精
华的部分能够被我们享受，能够被我们的作曲家们看到、学习，来创造我
们自己的音乐。

　　现在，一部投资几百万元甚至上千万元的外文原版歌剧，可能就演个
两三场、三四场，这是物资的极大浪费，也是人才的极大浪费。年轻人出
国去学歌剧，你的嗓子再好，念不好外文台词，就没有机会上台。所以他
们的很大一部分时间花在学语言上，而不是学声乐、学表演。

　　这实际上是一个误区，因为歌剧是有歌词的，它要表达什么思想内容
是清楚的。中国人很喜欢欣赏音乐戏剧，我们几乎一个方言就有一个剧
种，老百姓都特别喜欢看戏，中国人有这个传统，但是首先他们得懂。我
们讲"唯乐不可以为伪"，中国演员用外文唱歌剧，最多能懂自己唱的原
文是什么意思，并不一定能逐句明白对方在唱什么，所以这样的表演是虚
伪的。

　　我觉得，20世纪50年代我们开始引进西方歌剧就用中文是对的。世界
上很多国家，包括那些歌剧很发达的西方国家，他们引进外国歌剧的时候
也用本国语言。我曾经到芬兰演出，他们考虑到歌剧的大众性，演歌剧
都是用本土语言；美国纽约大都会歌剧院旁边有一个New York City Opera
（纽约城市歌剧院），演法国戏、德国戏都用英文，为了美国人能懂。

记　者　一个人的精力乃至生命毕竟是有限的。未来，您如何将这份"音乐为人民"的事业一直持续下去？

郑小瑛　从我个人来讲，现在体力也不能够支撑做很多跑来跑去指挥的事情了。我有一批小伙伴在支持歌剧艺术中心，我希望他们每个人都能够独当一面，把这个事业继续下去。我目前脑子还清楚，所以会继续做好歌剧的配歌，从各种译本里面选择合理的、我认为好的，配到经典歌剧的音乐里面。这一点我有自信，因为我有一定的文学修养，有一定的音乐修养，那么就可以留给世人一些好的西方经典歌剧的译本。我们现在演的《茶花女》《图兰朵》，都是100多年的作品了，历史已经证明是经典，是可以流传的。我们把它们做成精品，将来中国舞台上外国经典歌剧小小的角落里头，至少会有一点精品存在，就很好了。

　　对西方歌剧的选择，我是有自己的取向标准的，因为我们能够介绍给中国人民的西方歌剧数量是有限的，我会选择那些对中国大众认识世界、

郑小瑛（左）接受四川日报全媒体记者专访

认识历史有益的，对我们的思想启蒙、对事物的思考有帮助的，艺术上也有较高水平的堪称经典的作品。

就跟我们的翻译家一样，他们留下的文学名著，滋养了多少中国人。歌剧译配也一样，我来复兴，相信还会有人继承这个事业。

用西方人熟悉的语言讲中国故事是有效果的

记　者　您出生于上海，又多年在北京、厦门等地工作。音乐在塑造一座城市的文化形象等方面，能起到怎样的作用？近年来，您经常通过直播、视频号、手机APP等推广高雅音乐，主要考虑的是什么？

郑小瑛　上海是一座商业城市，因为跟世界交流比较早，西方的文化、西方的音乐进入也比较早，所以那里比较早就有了音乐学院，对于上海的文化形象有很大的提升。

我自己的经验也是这样。比如说厦门，这个原来几乎不懂得交响乐是什么的城市，经过我们的努力，现在能够有"音乐季"，每个礼拜演出能够有不少观众来听，而且慢慢地形成了一批音乐爱好者，使厦门成为一座有交响乐的城市。现在我正在努力，想把厦门打造成一座有"自制歌剧"的城市，而不仅是引进西方歌剧团来演几场。我们本土的歌剧团能够比较多地演出，才可以培养出水平、修养比较高的歌剧观众。

但是现在人们也很忙碌，很多人不愿意跑到剧场，那么现在通过线上的方式，也可以欣赏歌剧了。我觉得网络这个工具太好了，可以帮助我们这种没有实体的单位，把"洋戏中唱"的理念传播出去。那些国有院团"大船掉头"可能很慢，我这个"小船"可以先做一点事情。

我相信通过这种方式，可以让人们认识到一些高端的艺术不仅有娱乐价值，还有更多启迪人生、启迪智慧、帮助思考的价值；当然，我们最终还是希望大家能够进入音乐厅，进入歌剧的现场，欣赏真正的艺术表演。

记　者　您曾在接受采访时说，用西方人熟悉的方式讲好中国故事，帮助西方了解我们的文化，是有效果的，因而"不要拘泥于民族的才是世界的"，如何理解？

郑小瑛　这是我的一个体验。刘湲作曲的交响诗篇《土楼回响》是一部用西方作曲技巧结合我国民间音乐元素，表现我国客家人团结奋斗的史诗，已经在全球12个国家演了78场。我带乐团到西方的音乐厅去，一说是演交响乐的，人家马上就能接受。因为他们懂得交响乐体现的经济和文化档次，也懂得它的语言表达方式。因而，我们在世界各地演出，现场的反响都非常热烈。特别是《土楼回响》最后一个乐章，我们教会当地民众合唱团用客家方言唱"你有心，我有情，不怕山高水又深"，全场外国观众也跟着一块鼓掌，庄重的音乐会上很少会有这种热烈场面。在柏林演出时，有一位澳大利亚企业家写信，表示能够听到这样的交响乐是多么惊喜，甚至他们对在中国的投资也有了信心。

这种场面是令人难忘的，也让我感觉到用西方人熟悉的语言去宣扬中华文化、讲中国故事是有效果的，也是更容易被别人接受的。有些特别本土化的东西，不一定很适合沟通，文化交流，也要能够找到一个共通的契合点。

记　者　能否举例说明，在7月19日这场"中美歌剧牵手唱"音乐会中，您是怎么考虑中西音乐艺术的交流互鉴的？

郑小瑛　我们这个民营的"郑小瑛歌剧艺术中心"还是第一次对外进行民间交流。美国友好人士、女中音歌唱家卡拉女士为了这次交流，根据客家山歌"愿意广交朋友"的内容，特意委约创作了两首美国风格的歌曲，她还独唱了世界著名歌剧《卡门》的选段。我就请我国著名男高音歌唱家王丰、著名男中音歌唱家章亚伦独唱，并与她合作重唱了歌剧《卡门》的片段，还演唱了我完成的以唐诗配歌的世界著名作曲家马勒的交响乐《尘世之歌》的选段，展示了我国声乐表演的国际水平。音乐会上也表演了我国歌剧《紫藤花》的优美唱段，还演唱了著名音乐家青主以苏轼词谱曲的《大江东去》和中国台湾地区歌曲，展现了中华文化的博大悠久，以及中国音乐家积极吸收西方作曲技法，与中华文化交流融合、进行创造的成果。

记　者　您刚才提到，要用一种共通的艺术形式，来表达中国人的思想感情，以此获得全世界观众的共鸣。您觉得我们可以加强哪些方面的工作，在未来推出更多这样的作品？

郑小瑛　我不是作曲家，无法回答这个问题。但是我相信中国的音乐家是很聪明的，我们有几千年文化和音乐基因的传承，可以吸收西方的东西，来和中国的、民间的元素融合，碰撞出新的火花，创造出新的音乐语言。至于什么是最好的，需要时间来证明，不是当代马上就能够得出结论的。

郑小瑛（左）与记者采访后留影

所以我常常对年轻人说，不要太计较一场音乐作品比赛的结果。因为每一次评奖结果体现的不过是这几位评委的品位，并不能代表广大中国人民。真正的考验，还要看历史能不能够接受你，人民能不能够接受你。音乐是要通过表演而存在的艺术品种，停留在谱子上没有人唱、没有人演，那还不算完成了创作过程。听了一遍还愿意听，演了一次还愿意演，经常出现在节目单上或者人们的生活里面，才会成为一个成功的作品。

每个作曲家创作的目的是不同的，有的人愿意自己的作品被大家喜欢，有的人更在乎表现自己，所以也会有不同的结果，用时间来证明吧。这个过程可能很漫长，几十年、上百年都有可能，所以用不着很功利、很着急。

（余如波）

文化传承发展
百人谈

49

提 要

● 在全世界的文字中，只有汉字从产生直到现在仍在使用，这也成为汉字能够梳理其发展脉络的有利条件

● 文字记载了一个民族的历史文化，使我们能够通过文字走进历史，了解过去

● 文字可以跨越方言、超越民族，对保持中华民族凝聚力，保持中华文明的连续性、稳定性和凝聚力至关重要

● 文字对传承文明作用巨大，反之中华文明的稳定性，也为文字的稳定创造了环境，文字和文明的传承相辅相成

● 汉字能够几千年来生生不息、具有旺盛的生命力，也恰好说明它高度契合了中国人的思维方式和文化特质

黄德宽

古文字与中华文明传承发展工程
首席专家、中国文字学会会长

　　黄德宽，中国文字学会会长，中国文字博物馆馆长，清华大学出土文献研究与保护中心主任，"古文字与中华文明传承发展工程"专家委员会主任委员、首席专家，教育部社会科学委员会语言文学学部委员，国家社会科学基金评审委员会语言学科召集人。长期从事古文字、出土文献与中国古代文明研究，出版《古文字谱系疏证》《汉语文字学史》《古汉字发展论》等著作。

透过古文字了解中华文明的过去及走向

2024年8月9日，"古文字与中华文明传承发展工程"专家委员会年度会议在北京举行。作为此工程首席专家，中国文字学会会长、清华大学出土文献研究与保护中心主任黄德宽和与会学者密切沟通，以了解古文字研究的推进及相关成果，为未来的发展提供建议。泱泱中华，历史悠久，文明博大，是我们的自信之基、力量之源。两三千年前的古文字有何研究价值？会议前夕，黄德宽接受了四川日报全媒体"文化传承发展百人谈"大型人文融媒报道记者专访。他表示，古文字研究将让今人得以了解先秦历史文化的原始面貌，揭示古代文化的精神内涵，更好地了解中华文明的过去及走向，有助于推进中华优秀传统文化的创造性转化、创新性发展，为建设社会主义现代文明提供文化和智力支持。

◆ **接棒李学勤**

整理研究"清华简"，培养古文字研究人才

在前往清华大学任职前，黄德宽一直在安徽从事古文字研究的相关工作。正是在学术上的持续钻研和精进，当年在清华大学主持"清华简"研究的著名古文字学家、历史学家李学勤先生才诚挚地发出邀请，希望他能到清华大学出土文献中心主持工作。2018年，黄德宽赴京接过研究重担，2019年，年事已高的李学勤便因病驾鹤西去。

2008年，清华大学宣布从香港抢救回一批战国竹简，这就是著名的"清华简"。经碳14测年以及十余位专家学者集体鉴定，确认是战国中晚期文物，文字风格主要为楚国的。算上少数残断简，简的数量达到2500枚，是迄今发现的战国竹简中最多者。

"经过多年的研究整理，现在'清华简'的基本内容已经很清楚，它主要是竹书，传统的经、史、子、集类文献都有，其中不乏涉及中华文化核心内容的《尚书》《诗经》等篇章。而且它是战国中晚期的抄本，所以非常珍贵。"黄德宽介绍。"清华简"入藏以后，研究团队便潜心投入整理研究工作。"截至目前，已发布了13部研究报告，今年底将出版第14部，所有的研究报告将在未来两到三年内完成。"黄德宽说。

在清华大学出土文献中心，古文字的研究方向包括了甲骨文、金文以及战国秦汉文字。针对"清华简"研究，团队首先需要把分散的竹简碎片按正确顺序缀合编连，尽量恢复简文原貌；此外还需要正确识读，考字、释词的难度非常大。多年来，团队每次整理，都会展开集体研读。"这时不管你是研究甲骨文还是秦汉文字的，大家都参与，从不同角度来解决研究中的疑难问题。"黄德宽既要负责整体把关，最后还要负责审读定稿，让简文释读整理尽可能减少差错。

这些年来，黄德宽一心扑在"清华简"整理研究上，生活状态就是做科研、上课、带学生。"古文字研究的工作必须有人来做，我在身体还许可的情况下就得抓紧时间。"在黄德宽看来，清华大学提供了很好的学术研究平台，也提出了要把中心建设成为世界一流文科研究中心的目标。"所以我们以'清华简'的研究为核心，把简整理研究好，更重要的是建好学科平台，培养人才，最终推动中国的出土文献和古文字研究的发展。"

◆ 先秦文献的重大发现

再现失传数千年古文《尚书》原貌

十几年来，"清华简"的研究屡有重大发现，成为学术界关注的热点。研究显示，"清华简"中《算表》记录的算法，比欧洲数学类似内容早了近1800年；《五纪》是迄今发现的最早系统体现天人思想的文献；而《尚书》佚文更是再现了失传数千年的古文《尚书》的原貌。

黄德宽介绍，《算表》共有21支简，其上写满数字。经过数学家和清华大学的竹简研究专家集体攻关，揭示了《算表》作为计算工具的基本功能。"可见先秦时期数学发展的水平。"而在目前的文物资料中，《算表》是我国留存最早的数学文献类实物，填补了先秦数学文献实物空白，也是目前发现的人类最早的十进制计算器具。

2021年，"清华简"第11部研究报告发布。其中收录的战国长篇竹书《五纪》，以130简、4400余字的巨大体量，将礼、义、爱、仁、忠五种德行，与星辰历象、神祇司掌、人事行用等相配，构建了严整宏大的天人体系，成为目前出土文献中最早、最系统体现天人思想的重要文献。

黄德宽表示，《五纪》还把人身体的各部分与天上的星宿和神对应，每个星宿对应一个神，管理人不同的部位。如果人生病了，不同的病由不同的神来管。"把天体的运行和人体运行对应，这是非常复杂的一种思想体系，对认识在中国文化史中影响巨大的天人思想，是非常重要的发现。"

"清华简"最受学术界甚至公众关注的，莫过于证实了晋代梅赜所献的古文《尚书》为伪作，再现了失传几千年的古文《尚书》原貌。

《尚书》是夏商周三代各种重要历史文献的汇编，研究古史最重要的依据之一。在秦始皇焚书大背景下，《尚书》大量散佚。到汉代大儒伏生传授时仅余28篇。这批《尚书》因采用当时通行的隶书书写，被称为今文《尚书》。黄德宽介绍，后来汉代鲁恭王拆孔子旧宅，在墙壁里发现了部分古书，其中部分为《尚书》的内容。这个《尚书》以先秦时的古文字书写，所以又称古文《尚书》。"遗憾的是，古文《尚书》西晋时又失传了，直到东晋时才被梅赜献了出来。只是从宋代开始，就不断有学者根据其文辞风格，认为该《尚书》系伪作。事实的真相究竟如何？这是中国学术史研究的重大问题。"

在"清华简"启动研究以后，古文《尚书》的真伪辨别有了更有力的证据。研究人员发现，"清华简"有多篇《尚书》类文献，有些篇章和古文《尚书》的篇目名称相同。然而把"清华简"里的《尚书》与梅赜所献的古文《尚书》一对比，发现内容完全不同。"'清华简'是战国时期抄本，当属古文《尚书》原貌，这就证实了东晋梅赜所献的古文《尚书》确为伪作。在两千多年以后，'清华简'让真正的古文《尚书》重见天日，为解决古书争议提供了重要史实依据，其失而复得对经学史影响深远。"

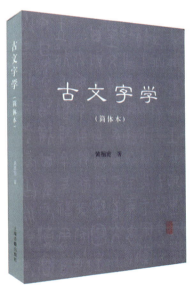

黄德宽出版的著作

黄德宽介绍，除了古文《尚书》以外，"清华简"中还包含类似《竹书纪年》的史书，记载了很多《春秋左传》《史记》等未有记载的史事，成为了解中国上古史的重要资料。

◆ 心系《汉语大字典》修订
期待体现学术研究最新成果

2024年7月，黄德宽抽空到了成都，应邀参加由四川大学主持的《汉语大字典》修订方案审议高端论坛。在黄德宽看来，《汉语大字典》新一轮全面修订恰逢其时，希望通过修订能让字典达到更高的学术水平。

"汉字作为世界上唯一的古典文字体系，从产生之日起使用至今，数千年来既保持着总体的稳定和有序传承，也经历了复杂的演进变革，成为一个历史文化积淀深厚的庞大符号系统。"黄德宽介绍，为更好认识和使用汉字，早在先秦时代，前人就已经开始了字书编纂。到汉代，文字训诂之学已发展到相当高的水平，产生了许慎《说文解字》这样的伟大著作。之后，以字书编纂方式呈现不同时代汉字研究成果就成为一个传统，产生了《字林》《康熙字典》等著名字书。

1990年，由著名古文字学家、四川大学教授徐中舒领衔，300多位专家学者耗时15年编撰的《汉语大字典》问世，结束了新中国"大国家小字典"的历史。然而30多年来，"大量新出土的先秦文献资料，促进了古文字研究取得极大进展；汉字研究快速推进，这一长期存在的文字学薄弱环节得到显著加强；汉语言文字学的其他领域，也都有了长足的进步。《汉语大字典》如何适应学术发展的时代需求，及时吸收学术研究的新成果，更好发挥其弘扬传承中华优秀传统文化的功用，是新时代提出的新课题。在这样的背景下，启动《汉语大字典》新一轮全面修订，可谓恰逢其时。"黄德宽表示，虽然《汉语大字典》此前也做过一些修订，但只进行了局部的工作。此次重修，希望能够克服学术和管理运行上的诸多困难，

125

使字典成为集中展示汉字研究新进展新成果、代表新时代水平的字书精品。他建议修订工作在专业上要重视吸收出土文献与古文字研究新成果、重视历代汉字字际关系的梳理辨析、重视厘清古今字形的讹省变异关系以及重视新增收字的甄别与遴选，确保学术水准。此外，也应建好队伍、建立科学的考评体系，让参与编撰的队伍能够坐得了冷板凳，最终高质量完成修订，让《汉语大字典》对汉字的传承发展以及汉字教育、学术研究继续发挥重要作用。

"文字不灭"是中华文明保持连续性稳定性和凝聚力的根本动因

研究古文字是研究先秦历史文化的基础

记　者　甲骨文发现和研究120周年时，习近平总书记曾专门致贺信，并强调"要确保甲骨文等古文字研究有人做、有传承"。我们为什么要重视古文字研究？

黄德宽　古文字，主要是指先秦文字。我们知道先秦的原始文献，大多数由于秦始皇的"焚书坑儒"而未能传下来，现存典籍主要为汉代学者整理。古文字是先秦文字的原始面貌，无论是甲骨文、金文还是战国其他文字资料，都记录了先秦很多重要的历史文化内容。特别是近年来，全国陆续发现了一些战国秦汉简牍，它们有的是先秦古书，比如马王堆帛书以及上海博物馆馆藏的战国竹简里就有《周易》，湖北荆门郭店出土的楚简则有《老子》的3种抄本以及部分儒家著作。像"清华简"就更重要，它包含了古文《尚书》等丰富内容。如果我们不研究古文字，就不能更好利用这些古文字记载的各种资料。

比如我们现在要了解商代，通过传世史料显然不够，因为司马迁《史记·殷本纪》对商的记载内容非常有限。但是通过甲骨文，我们得以从殷王室占卜的记录中，管窥殷商晚期的历史和各种文化现象。如果我们不研究古文字，就不能够真正了解先秦历史文化的原始面貌。只有把古文字材料、考古材料和传世材料很好地结合起来，才能更全面准确地认识先秦的历史文化发展，更好地了解中华文明的过去及其走向，更准确地揭示古代文化中的精神内涵，最终推动中华优秀传统文化与马克思主义基本原理结合，推动中华优秀传统文化创造性转化、创新性发展，为建设中华民族现代文明服务。

正是在这样的大背景下，"古文字与中华文明传承发展工程"2020年正式立项，2021年全面实施，目的就是通过整理研究古文字有关的资料，揭示古文字蕴含的深刻思想文化内涵，同时带动学科建设和人才培养。目前全国已有17家单位、400多位学者参与。

记　者　甲骨文目前尚有很多文字我们不认识。古文字研究最重要的工作是考字吗？

黄德宽　认字是首要任务。只有认识了这些字，才可能知道它记录的内容，也才能进一步了解它的内涵。汉字发展到今天历经数千年，但只有从秦代的小篆到后面的隶书、楷书的发展历程认识比较清楚。再往前，获得的材料很少。甲骨文发现以后，才发现它和小篆有很大不同，所以认字成为首要任务。经过100多年研究，目前商代甲骨文的常见字基本上都已经认识，但总数也只占发现的甲骨文的三分之一多一点。

目前那些未被认出的甲骨文，主要是人名、地名或职务等专有名词，还需要更多的新材料以及我们对甲骨文记载的历史文化内容有更深切的了解，才可能不断取得突破。

"汉字在夏代肯定已经形成"

记　者　根据现有材料和研究，汉字什么时候起源的？

黄德宽　在全世界的文字中，只有汉字从产生直到现在仍在使用，这也成
　　　为汉字能够梳理其发展脉络的有利条件。现有材料和研究已表
　　　明，甲骨文无论是书写、构形的体系还是记录语言的能力等方
面，都已经是成熟文字。甲骨文不可能突然成熟，它肯定有一个渐变的过
程。现在可以确认的是，汉字在夏代肯定已经形成。

　　大家知道司马迁的《史记》里记载了三皇五帝以及夏商周的历史。在
《夏本纪》中，夏代历代王的姓名、在位时间、传承关系都非常清楚。如果夏代没有文字记载，怎么写得那么准确？司马迁《史记》也写了《殷本纪》，过去也被怀疑内容不可考。但考古出土的甲骨文已经证明了《史记》中商王朝世系准确无误。事实上，近年包括"清华简"以及西周青铜器等新的材料，已经有很多涉及夏代历史的相关记载，它们是战国人的历史记忆。比如大禹治水，西周青铜器豳公盨上的铭文就有记载。最难得的是，它用的

黄德宽出版的著作

某些字跟《尚书》里的一模一样，这就说明两者一定有相同的文本来源，否则不可能用字一样。

从这些现象来看，夏代应该已经诞生了文字。我们也能从考古材料中看到更早的文字样本。比如距今4300年至3900年的山西襄汾陶寺遗址陶罐上有朱书陶文，学术界认为陶寺遗址的这个陶文，就是甲骨文的"文"字。

记　者　那汉字的起源究竟可以追溯到什么时代？

黄德宽　汉字的源头肯定会更早。最近几十年，全国各地的新石器遗址不断发现早期的刻画符号，为探究汉字起源提供了宝贵资料。河南贾湖遗址距今约9000年至7500年，这里出土的龟甲和陶器上便出现了一些刻符，是早期带有文字性质的符号。晚一点的遗址中，仰韶文化类型的半坡遗址出土陶器上发现了几十种刻符；安徽蚌埠双墩遗址发现的刻符多达600余个；良渚遗址出土陶器上的刻符也很丰富，不仅有象形的符号，还有十几个符号连写，应该属于比较原始的文字。

这些刻符在不同的遗址出现，说明在新石器时代晚期的中华大地上，人类已经开始探索协作记忆的手段，刻符就是文字产生的前奏或是文字的原始状态。这些发现也从另一个角度证明了当时中华大地已陆续开始迎来文明的曙光。因为文字是文明的产物，人类进入文明的阶段一定会有文字，否则无法适应社会进入文明状态的各种需求。

所以，我认为在夏代时，今天所用的文字系统已经形成。新石器时期的那些刻符来自不同的文化谱系，未必都进入到汉字系统中。它们有的可能被汉字吸收，有的则可能消失于历史之中。

汉字对延续中华文明具有不可替代的作用

记　者　汉字对中华文明的传承发展有何意义？

黄德宽　一个民族的文明传承，主要是精神文化的传承。文字记载了一个民族的历史文化，使我们能够通过文字走进历史，了解过去。所以汉字最重要的价值就是使中华文明得以延续到今天，让这个古老的文明能够一直传承下来。对于中华文明的延续性来说，汉字的功劳不可替代。

　　此外，中华民族的形成经过长期的多民族、多种文化激荡融合，是一个庞大的民族共同体。这个历史进程中，不同民族融合和统一思想文化，文字和典籍也发挥了重要作用，它们可以帮助其他民族根据汉字掌握中华文化的核心内容，有利于推动多民族融合发展，形成中华民族共同体。文字可以跨越方言、超越民族，对保持中华民族凝聚力，保持中华文明的连续性、稳定性和凝聚力至关重要。

记　者　为什么世界上其他几个古文明的文字中断了，而汉字可以流传下来？

黄德宽　文字对传承文明作用巨大，反之中华文明的稳定性，也为文字的稳定创造了环境，文字和文明的传承相辅相成。西亚的楔形文字、古埃及的象形文字以及美洲的玛雅文字为什么没传下来？就是因为它们的文明中断了。

　　事实上我们回顾汉字的发展，会发现它也曾遭遇过三次困境或危机。第一次是构形和造字的困境。最早的汉字构造是依类象形，也就是把客观的物象体现在文字构形中，让人们得以见形知义。但是碰到抽象的思想观念或无形可像时，如果造不出新字，这个符号系统就不能适应需要甚至会走向灭绝。我们的古人很聪明，在面对造字瓶颈时通过记录语音创造了形声字和假借字，成功突破了文字的构形困境。根据研究，西周时80%的新造字是用形声造字法造出来的。到了春秋战国时期，新增字中有95%以上是形声字。

　　第二次是书写困境。古文字发展到战国时期，社会飞速发展，文字使用越来越广。形象性强的古文字虽然很美观，但书写效率却很低。如何追求书写速度的突破？古人在秦文字（小篆）系统的基础上，创造了平直方正的隶书，它的书写更加便捷高效。当然，后来人们觉得隶书书写还不够快，后面又创造了草书、行书等书体，进而形成楷书，汉字的形体因此最终定型。第三次可以说是近代汉字面临的存亡危机。随着鸦片战争、甲午战争的失败，中华民族面临生死存亡危机。这一时期，西方的思想文化和先进技术，对古老的中华文明产生巨大冲击。有的知识分子为寻求救亡图存之道，便主张废除汉字、走西方拼音文字的道路，因为他们认为西方拼音文字易学，有利于推广教育，发展科技。

当然，现在我们回过头来看，汉字面临的第三次危机，主要是当时面临西方文化的冲击，国人文化自信丧失的缘故。如果中国废除汉字而全面实行拼音化，中华文化现在的状态难以想象。所幸中华人民共和国成立以后并没有推行拼音文字，而是在汉字原有的基础上继续简化，同时把拼音作为一种工具配合使用以便与国际接轨。现在我们都知道汉字是中华文化的瑰宝，是世界上独一无二的古典文字，不可能废除。而且进入到数字化时代，也解决了汉字录入等诸多技术问题，汉字完全能够不断适应时代发展和信息化的需求。

记　者　汉字和拼音文字相比有哪些优点？

黄德宽　二者各有特点。拼音文字系统是线性的，就是把发音记下来，通过语音理解词语，是一种一维文字。相反，汉字是二维的。它不仅记音，还能从字形上看到很多字义信息，增加了理解的通道。不过也正因如此，汉字就存在读音难记以及文字符号系统复杂导致识别和书写效率相对较低的缺点。但存在即合理，汉字能够几千年来生生不息、具有旺盛的生命力，也恰好说明它高度契合了中国人的思维方式和文化特质。民间一直有一种说法，拼音文字易学、汉字难学。如果单从认字母来看，英语的确只需要学26个字母就能去拼单词；但真正要把英语学好，不背几万个单词不行。而汉字入门虽慢，但只要掌握1000个以上的常用汉字，98%的汉语文献就能看懂，并且在进一步组词和词义的理解方面都很方便。所以，拼音文字和汉字提供了不同选择，两种文字系统各有特点、各有所长。

记　者　相比先秦时期文字表达的简洁，现在的文字表达日益啰唆和口语化，这会影响汉字的生命力吗？

黄德宽　语言的确需要锤炼才能尽显优美。"咬文嚼字""推敲"说的就是古人在语言表达时的严谨和精练，它们让汉语的表达变得优美而韵味无穷。现在有时说话写文章废话多那是文风问题，和文字本身没有太多关系。另外，现在网友喜欢发明一些诸如"YYDS"之类的新词、新表达，也有人担心影响汉语纯洁性。其实网友为了在虚拟世界中打字快一点而进行一些特殊表达很正常。这些表达不登大雅之堂，很难吸收到汉语言中，不会强大到冲击汉语纯洁性，因此不必过于担心。当然，我们还是要引导年轻人好好说话，身体力行表达汉语之美。

（吴晓铃）

文化传承发展

50

百人谈

提 要

● 民艺是城乡文化建设的重要组成部分，是城乡文创产业的内容驱动力，也是民族美育的重要内容，需要不断传承实践，实现创造性转化、创新性发展

● 文化保护传承与城镇化不矛盾，它们是共生关系，可以协调发展

● 民艺要实现创造性转化、创新性发展，离不开设计、研发和推广

● 传统工艺首先要讲究"工艺之用"，不用就毫无价值

● 利用现代科技手段，如数字化、虚拟现实等技术，对民艺进行记录、保存和展示，提升其传播力和影响力

中国文联副主席、
中国民间文艺家协会主席

潘鲁生

潘鲁生，1962年出生，博士，教授，博士生导师。第十二届、第十三届全国政协委员，中国文联副主席，中国民间文艺家协会主席，山东工艺美术学院名誉院长。长期致力于民间艺术研究和创作，推动民间文艺传承创新；在全国率先提出并积极践行"民间文化生态保护"理念，组织实施"民间文化生态保护计划"；推动构建中国民艺学学科体系，在全国首次提出"农村文化产业"、构建中国"手艺学"等重要命题。先后承担系列国家重大科研课题及设计实践项目。

通过好的创意和设计，
实现民艺的创造性转化和创新性发展

　　在山东工艺美术学院长清校区，2024年5月16日开馆的山东工艺美术学院博物馆新馆/潘鲁生民艺馆成为一个备受瞩目的文化地标。馆中设有农事器用、手艺营生、车行舟进等10个展览单元，包含万余件藏品。

　　这一体现农耕时期民众匠作智慧、设计思想和造物美学的民艺博物馆，全部由中国文联副主席、中国民间文艺家协会主席、山东工艺美术学院名誉院长潘鲁生捐赠，是他带领团队开展中国民艺学学科建构与社会服务历程的见证。

山东工艺美术学院博物馆新馆 / 潘鲁生民艺馆展厅

20世纪80年代，潘鲁生投身民间艺术的田野调查和学术研究，从学科角度研究民艺，从生活角度发展民艺，从教育角度传承民艺。在他看来，民艺是城乡文化建设的重要组成部分，是城乡文创产业的内容驱动力，也是民族美育的重要内容，需要不断传承实践，实现创造性转化、创新性发展。2024年8月26日，四川日报全媒体"文化传承发展百人谈"大型人文融媒报道记者走进山东工艺美术学院博物馆新馆/潘鲁生民艺馆，感受他的乡土情怀和对民艺事业的坚守。

山东工艺美术学院博物馆新馆／潘鲁生民艺馆展厅

◆ **40余年坚持走进田野、走进民间、走进百姓**

　　走进民艺馆展厅，首先跃入眼帘的是一幅"潘鲁生田野调研地图"，上面密密麻麻地标注着潘鲁生曾经的田野调研点位和项目：黑龙江绥棱县剪纸工艺，海南黎族织锦工艺，山东威海东楮岛海草房营造工艺，西藏拉孜县觉囊派唐卡绘画，台湾新竹玻璃工艺……潘鲁生的足迹遍及大江南北。

这条路，他已经走了40多年。潘鲁生1980年考入山东省工艺美术学校（山东工艺美术学院前身），第一次看到山东民俗用品"大鱼盘"时，他被深深吸引，"民间艺人简练的几笔，画出一条如此生动的鱼，它既不是具象的，也不是抽象的，而是意象的。"他对民艺产生了浓厚的兴趣。

要深入了解民艺，田野调研必不可少。"首先要走进田野，走进民间，走进百姓，了解他们的生活方式、生产方式、文化方式和审美方式，才能从学科和专业领域去重新梳理。"潘鲁生认为，收集、整理相关的事物，应该与学术研究相辅相成，"研究对象的标本都没有，怎么能深入呢？"

出于这样的考虑，他开始有目的地搜集、整理民艺实物。当时囊中羞涩，不得不采取"以物易物"的办法。"靠身上的粮票，靠自己的手艺，比如给老人画肖像，给别人家里画四条屏。"他从相对便宜的剪纸、年画等入手，一些独特的发现也接踵而来。例如，我们常说的"剪纸"一词，老百姓鲜少提及，他们通常根据使用场景，称其为窗花、礼花、鞋样等。这让他意识到，如果不深入民间，到百姓的生活中去发掘，往往不知其所以然。所以他在1992年出版了《中国民俗剪纸图集》，该书迅速成为当时工艺美术界的畅销书。

2017年，潘鲁生前往长春，走访当地的一家铁匠铺。现场，潘鲁生系上围裙、戴上手套，抢起铁锤与店家一道打制铁器。民艺馆以一个专门的展区，生动细致地还原了这间铁匠铺。

◆ 提纲挈领探索中国民艺学学科建设问题

多年来，潘鲁生似乎都与潮流"背道而驰"。1986年，潘鲁生被借调到中国艺术研究院《中国美术史》编委会，成为一名资料员。"在北京恰逢中国美术界的'八五思潮'，当时，西方文化的引进和中国文化的坚守形成两股力量，'引进西方'成为主流。"在这样的时代背景下，他开始思考民间艺术的"归属"问题：是用现代人的视角去评价它，还是用历史的脉络去梳理它？

他发现，表现主义、立体主义、野兽派等现代艺术思潮，都在吸收不同民族的原始艺术和民间艺术，后者"不仅仅是传统的，也是当下的"。潘鲁生认为，人类的童年对应原始艺术，人的童年对应儿童艺术，文化的童年可能对应民间艺术，这样的思考需要上升到学理层面，建立中国的民艺学。

1993年，潘鲁生考入著名艺术学、民艺学研究专家张道一门下攻读博士学位。当时正值"下海"热潮，不少人不理解潘鲁生继续深造的选择，觉得他从十几岁就画中国画，还在工艺美术公司做过设计师，学的是设计专业，搞民艺似乎有些"不务正业"。

然而，潘鲁生认定要将民间艺术研究作为终生的事业。20世纪80年

2018年1月，潘鲁生（右二）在广西昭平调研

代，他曾经向民俗学泰斗钟敬文表达过疑惑：为什么中国民间文艺学建设只重视"文"，大量研究从民间文学的角度展开，"艺"的成分却很少，特别是广阔丰富的民间生活方式、民间工艺、民间美术没有得到系统全面的整理研究？当时，潘鲁生对民间工具感兴趣，认为工具是人类文明、人类审美的一个起点，不过导师却给他布置了一项任务：思考中国民艺学的学科建设问题。"在导师的指导下，我开始这方面的研究工作，包括学科框架、学科构成、研究对象，把学科建立和其他相关学科的关系等问题摆在面前。""一个学科的建设靠个人的力量是不可能完成的，它要求相关学术背景和学术成果的积累。"当时除了导师张道一，《中国民间美术全集》编辑部的同仁都给了潘鲁生很大的支持，使他的博士论文有了初步的结构。此外，他也研究了英国工艺美术运动，深入了解了日本学者柳宗悦提出的日本民艺学，从文化人类学、社会学等角度思考民间艺术。"通过对相关学科和边缘学科、交叉学科充分的学习和认知，我对中国民艺学的学科建设有了一个初步的框架。"

2020 年 2 月，潘鲁生（右）调研山东高密木版年画

◆ 民艺的创造性转化和创新性发展需要设计

2018年6月，上海合作组织成员国元首理事会第十八次会议在山东青岛举行，山东工艺美术学院承担并圆满完成艺术创意设计重大任务，包括国礼、国宴用品、视觉形象系统、艺术品与陈设、服装等5大领域。潘鲁生领衔艺术创意设计，尤其是从民艺馆以及"中华传统造物体系""中华传统造型体系"等课程资源中进行提炼，凝练典型符号意象，传播国家文化形象。

巨幅工笔牡丹画《花开盛世》就是一例。作为此次会议与会各国领导人合影的背景墙，《花开盛世》在潘鲁生的设计指导下，由山东菏泽10位农民画家共同绘制而成，凝聚了中国农民的艺术才华和生活智慧。

"我们要让更多人尤其是青少年知道，中华文化不仅仅是四书五经这样的文化经典，还有活在生活当中的艺术，活在生活当中的文化。"潘鲁生说，民艺要实现创造性转化、创新性发展，离不开设计、研发和推广。

早年间，潘鲁生的田野调研要"和时间赛跑"，避免因不及时记录和抢救，留下"人亡艺绝""人走歌息"的遗憾；如今，随着文化自信和非物质文化遗产保护的意识深入人心，他的工作重点也转向了推进传统民艺——通过好的创意和设计，进一步融入生活，实现创造性转化和创新性发展。"传统文化传承保护与转化利用是重要的时代命题，传统文化与现代文明有机结合是设计师的责任。"在最近举行的中国民协学习贯彻党的二十届三中全会精神座谈会上，潘鲁生在发言中表示，鼓励设计师、高校师生与民间手艺人合作，进一步"使民间工艺赋能国货国潮的时尚产业"。

潘鲁生对AI的发展十分关注，"在AI时代，如何将我们的文化发扬光大，怎么与其他民族的文化交流？"他认为，当前亟须解决传统文化资源的数字转化和应用问题，应当抓紧建设中华艺术语料库，使之成为全球语料库的重要内容和组成部分，作为创造性资源得到充分应用和创新。

服饰是中华民族重要的文化符号

现代消费呼唤传统文化传统民艺

记　者　中国的民间文化遗产很大程度上植根于乡村，尤其是传统农业生产形态，在生产力长足发展、城镇化持续推进的当下，这一基础日益发生变化。在此情况下，保护传承民间文化是否必要？

潘鲁生　民艺是城乡文化建设的重要组成部分。比如传统节日、传统习俗，其中的民艺纽带，仍然非常重要。民艺是城乡文创产业的内容驱动力。民艺中的形象、色彩、主题等，是文化创意产业的重要内容。民艺是民族美育的重要内容，是构建中国设计、中国风格的重要基础。

其实，传统和当下并不矛盾，"城镇化"不代表"去农村化"。中国的城镇化发展是非常快的，短短几十年，已经发生天翻地覆的变化。在我们的现代城市发展过程当中，乡村文明非常重要。"城乡融合发展"是党的二十届三中全会提出的很重要的关键词。城乡融合，我们才能协调发展、科学发展、持续发展。我们在文化保护传承的过程当中，一定要考虑发展，但是在发展的过程当中也要考虑保护，要协调好，不要留遗憾。

2002年，冯骥才先生带着我们在山西后沟村做村落调研，后沟村的保护也启动了中国民间文化遗产抢救工程，这是在联合国教科文组织颁布《保护非物质文化遗产公约》之前的一个举动。当时我们已经意识到，在现代化建设过程当中，传统村落、民艺需要保护和传承，事实证明这样的一个理念、这样一个呼吁是非常必要的。进入中国式现代化发展的新时期，"绿水青山就是金山银山"，田园风光是无限美好的。

农耕文明给我们留下了宝贵的文化遗产，这种遗产是活态的、是精神意义上的，也是我们民族文化的伟大之处。这些东西如果没了，就没了精气神。文化保护传承与城镇化不矛盾，它们是共生关系，可以协调发展。

记　者　近年来，中华优秀传统文化的创造性转化和创新性发展受到极大关注，其中既有"雅文化"或"精英文化"的范畴，也涉及"俗文化"或"民间文化"的领域。围绕后者开展这项工作，有着怎样的意义？

潘鲁生　民间文化，或者说俗文化、百姓文化，"转化"空间太大了。民间文化具有社会的广泛性，传统民艺中刚健质朴、富有热情的精神对在更广的范围传承发展具有重要意义。民间文化具有传统礼

2020 年 7 月，潘鲁生（左）走访看望甘肃省静宁县界石铺镇七里村民间剪纸、刺绣艺人雷秀莲

俗的影响力，传统节日、传统的仪式活动越来越受到重视，民艺是重要的组成部分。现在国风国潮热，我们也参与了一些项目，比如我的家乡山东曹县的汉服，我们就建立了研发中心。它是传统的吗？民间的吗？百姓的吗？是，但是它又很时尚。

现在的时尚、现代人的消费，需要传统的文化，需要传统的民艺，只不过我们转化不够而已。所以，需要更多的设计师、艺术家参与民艺资源宝藏的开发，把它发扬光大。"双创"的空间非常之大，很多大学、研究机构都在这一方面作深度布局。现在有两个问题需要解决：一是我们的设计师要了解民艺当中的核心要素；二是企业家要积极介入，给它更好的市场归属。

记　者　民间文化、民艺走向市场，面对的是商业化的问题。这会不会对文化传承发展带来不利影响？您怎么看待它们与市场之间的关系？

潘鲁生　民艺是生活的艺术，它本身就是有市场的。我经常举一个例子，一个编筐的，编一个筐自己家用，编两个筐用不了给亲戚，编三个筐就进入市场，是不是？它和生活息息相关，你为什么不让它进入市场呢？我们的衣、食、住、行、用都需要市场调节，只是说这个市场不是纯粹去挣钱的市场，而是满足生活需求的市场。

但现在有些市场，我是不赞成的。一些民艺产品的价格越来越高，越来越走向了所谓的文人化、高端化、去生活化，成了"象牙塔"这样的东西，它不是对文化的传承，它是对民艺、传统工艺的一种禁锢，少数人"玩"就没意思了。传统工艺首先要讲究"工艺之用"，不用就毫无价值。一个传承民艺、传承传统工艺的设计师，设计一个杯子、一个碗，没法用，光能看，就没有价值，只有"用"，市场才大。

所以民间文化、民艺和市场没有矛盾，只不过现在很多设计师、工艺师、艺人有了一定的身份之后，追求"象牙塔"类的东西。这样的市场我是不赞同的，因为不能普及，没有量产，都是自己去把玩的东西。如果是这样一种倾向，就失去了工艺与设计的意义，因为设计一定是为最广大的人群服务，不是为极少数人服务的。

记　者　您在山东工艺美术学院做了20多年的院长，一直致力于设计人才的培养。在您看来，我们需要一支怎样的设计人才队伍？

潘鲁生　设计学这几年发展速度非常快，设计人才的需求也非常大。但是设计学科需要一个整合，我们培养的设计人才不仅仅要学审美，学美术，学设计技能，还要学市场，学管理。如果没有这样一种广阔的视野，我们的设计师向度是比较单一的，也很难服务社会。在教育部发布的《研究生教育学科专业目录（2022年）》里，艺术学中包含"设计"，交叉学科中也包含"设计"。这个方向是对的，因为设计不仅仅是它本身，还有经济学的元素、工科的元素、社会性的元素，最起码从课程结构上要有一个交叉体系。在大学本科4年、研究生3年当中，学生不仅要学艺术学、设计理论，还要学一点市场管理、设计管理、经济学。这样一个设计师不仅仅可以设计，还能做设计的领导者和管理者，人才的领域就广泛了。

打造具有地方特色的民艺品牌

记　者　您从事的工作一直与非物质文化遗产保护密切相关，您如何认识非物质文化遗产保护？

潘鲁生　非物质文化遗产保护既是对民间文化艺术的积淀和传承，也是当下的认识和保护，更关系未来发展的可能。一方面，非物质文化遗产的认定和保护机制为民间文艺提供了官方的认可和支持，其培训课程、传承基地等帮助民间艺人和传承人传授技艺，确保这些宝贵的文化财富得以延续；另一方面，非物质文化遗产保护还提升了民间文艺的社会影响力和公众认知度，不仅有助于提升公众对传统文化价值的认识，还为民间文艺的市场和产业发展提供了新的机遇。

应该说，非物质文化遗产人才的培养是保护传承的重中之重。传承人老龄化、人才培养模式相对单一、年轻人缺乏对非物质文化遗产的了解等问题仍比较突出。相较保护传承的实际需求，人才缺口大是长期需要解决的难点。加强传统工艺专业建设，包括强化相关职业教育，需要更多配套举措和落地实践。非物质文化遗产保护传承是系统工程，需要多方力量协同推进，政府、学校和相关行业、企业共同参与，才能落地见效。

记　者　国内的非物质文化遗产保护，您觉得哪些方面需要继续推进？

潘鲁生　什么叫非物质？它是无形的，它是经验的传承，是技艺的东西。我们认识非物质文化遗产，不是片面从物质层面来认识，而是透过物质来研究。比如中医的脉象，怎么把脉，单方、验方、偏方怎么开出来，药材长什么模样、怎么去采集……为什么国家非常重视非物质文化遗产？它是一个活态的文化体系，给了我们重新思考、整合的机会。我们要从保护传承传统文化的高度开展这项工作，而不仅仅是"热闹"而已，我们的学科建设，一定是严肃的、严谨的。

记　者　近年来，四川持续举办成都国际非遗节，也不乏《通江民间歌谣校补图注》《箭塔村故事集》《阿依嫫嫫》这样的中国民间文艺山花奖获奖作品。在您看来，四川的民间文艺资源储备有哪些优势？

潘鲁生　20世纪80年代以来，我多次到四川调研采访。四川的民间文艺是非常丰富多彩的，涵盖了戏剧、音乐、舞蹈、曲艺、美术、手工艺等多个领域。其中，绵竹年画、川剧、蜀绣、蜀锦等传统艺术形式独具特色。比如绵竹年画跟其他地方年画相比，有共性的东西，但个性也非常突出。这就使得四川在民间文艺保护、传承和发展过程当中有了抓手。

四川的民间文艺资源还具有鲜明的地域特色，各民族的民间文艺形式丰富多彩，不仅有国家级民间文化之乡，还有国家级民间文艺创作基地，增强了地方政府和群众挖掘、保护、抢救、传承优秀民间文化的意识，为传播四川优秀民间文化、保护民间文化遗产、促进民间文艺的传承发展、丰富群众文化生活、促进地方经济文化发展、助力乡村振兴都发挥了积极的作用。

记　者　在推动民间文艺保护传承和活化利用方面，四川还可以从哪些方面下功夫？如何将民间文艺资源大省，建设成为民间文艺发展高地？

潘鲁生　四川高度重视民间文艺的保护与传承工作。出台了一系列政策和措施，支持民间文艺的保护、传承和发展，采取政府推动、社会参与、市场运作的方式，举办了不少活动，比如成功举办了23届

潘鲁生出版的著作

绵竹年画节、举办"四川省2024年全国知识产权宣传周版权宣传活动启动仪式暨版权服务进校园"活动等。当然，在推动中华优秀传统文化的创造性转化和创新性发展过程中，我感觉全国对民间文化特别是民间工艺的认识还需要进一步提高。

我觉得游戏《黑神话：悟空》可以给大家一个启示，就是把当地的文化资源作为我们民间文艺的财富，讲好中国故事。比如很多民歌也可以作为创作主题。民间工艺也可以作为转化的重点，四川藏族金银器的打造、唐卡的制作，还有青神竹编都是特别精彩的。青神竹编能做到极致，把一个竹片分成几百上千根竹丝去编织，这就是当地老百姓的一种智慧。

怎么转化？下一步，四川应持续发挥地方特色，利用好民间工艺的材料、技能等文化价值，鼓励艺术家和设计师将传统技艺与现代设计理念相结合，打造具有地方特色的民艺品牌，拓展国内外市场，盘活这些土生土长、代代传承的文化资源；加强与高校、职业院校的合作，开设相关专业和课程，培养新一代的民艺传承人。同时，还要利用现代科技手段，如数字化、虚拟现实等技术，对民艺进行记录、保存和展示，提升其传播力和影响力；鼓励社区居民参与到民艺保护和传承中来，通过建立民艺工坊、开展节庆活动等形式，让民艺在日常生活中得到活态传承。

（余如波）

文化传承发展
百人谈

51

提 要

● 多点、移动的田野调查方式有助于我们获得多元的历史文化记忆、探寻表象差异，进而认识偏见，在多点比较中找到共性，最终接近真实的本相与意义

● 人类学的要旨不只是了解人类社会的多元性，也是借此认识自身所处的社会。因此在人类学研究中，基本的民族志资料阅读与搜集是最重要的

● 民族认同切不可轻言"解构"，但同时也应有所"反思"，需要重新去审视认同变迁背后反映的时代变迁

● 民族文化传承可以从人类生态角度思考。应鼓励少数民族认识自身的文化，进而了解其现实意义，但不宜实践一些已经不符合当下人类生态的所谓传统文化

王明珂 台湾知名历史人类学家

王明珂，籍贯湖北，1952年生于中国台湾，美国哈佛大学东亚系博士，曾先后任教于台湾地区多所高校，现为北京大学历史学系客座讲席教授。

作为以人类学视角展开历史研究的学者，他曾长期在四川等西部省份少数民族地区开展田野调查，主要专著有《华夏边缘：历史记忆与族群认同》《羌在汉藏之间：川西羌族的历史人类学研究》《英雄祖先与弟兄民族：根基历史的文本与情境》《游牧者的抉择：面对汉帝国的北亚游牧部族》《反思史学与史学反思：文本与表征分析》《毒药猫理论：恐惧与暴力的社会根源》等。

在"寻羌"中看到中华民族的多元一体

　　"没想到还能再回来一趟！"2024年6月10日，阿坝藏族羌族自治州茂县黑虎羌寨一段陡峭悬崖边，72岁的王明珂一边眺望远处的崇山峻岭，一边翻找存在手机里的旧照片对比，兴奋之情溢于言表。

　　1994年，王明珂首次以学者身份踏入四川，从岷江上游地区羌族传统村寨入手，开启了一段漫长的青藏高原东缘历史人类学田野调查研究；今年，借一场研学提供的契机，四川日报全媒体"文化传承发展百人谈"大型人文融媒报道记者跟随王明珂"故地重游"，在充满浓郁民族风情的川西大地，倾听这位在海峡两岸学界以"边缘视角反思文明中心"著称的历史人类学家回顾多年"寻羌"的收获与思考。

◆　**"寻羌"缘起**
　　"羌"到底是一个什么样的民族

　　1952年，王明珂在台湾高雄凤山一处名为"黄埔新村"的眷村出生。父亲老家在湖北，曾是抗日名将孙立人麾下的中国远征军军官，母亲则是台湾人。直到20岁当兵入伍，王明珂都没怎么离开过眷村这片与台湾地方社群相对疏离的"小社会"。特别的成长环境与家庭背景，不仅成为王明珂日后研究族群问题尤其是关注边缘族群的滥觞，更为他在内心种下了"摆脱传统束缚"的种子。

1974年，服完兵役的王明珂重新捡起荒废已久的学业，经过半年多的刻苦复习，成功考入台湾师范大学历史系。本科毕业后，不甘于只做中学老师的他来年又考回台师大继续读硕士，正式走上了学术道路。

很快，王明珂受到台湾边疆民族史学者管东贵青睐，并在其影响下，以中国古代羌人相关问题为切入点，逐渐对"羌"产生了浓厚学术兴趣。学习积累中，王明珂意识到，虽然"羌"早已受到学界注意，但之前更多被视为历史人群，鲜有学者真正关注"现实中的羌"。

"'羌'到底是一个什么样的民族？"这个问题长期萦绕在王明珂心中而不得解，以至于在硕士毕业后相当长的一段时间里，王明珂都感觉研究压力与挫败感很大。于是，1987年，已经35岁的王明珂毅然决定赴美国哈佛大学攻读博士，并最终用5年时间取得东亚系博士学位。这期间，虽然研究主课题依然是"羌"，但与在台湾求学时专攻历史文献不同，王明珂在著名考古学家张光直等具有人类学、考古学背景的学者指导下，大量选修人类学课程，同时研读有关社会记忆的理论著作，并尝试将其用于历史学和人类学研究中。"如果仅看历史文献，不难得出论断——'羌'只是古代自居正统的中原政权对西部边陲不同文化、政治人群的指称，而并非这些群体本身的共有自发性认同。"王明珂说，"但在当代现实中，确确实实在四川西部一带生活着不少被官方识别为也自认为是'羌族'的少数民族群体。对此，又应该如何解释？"

正是带着这样的思考，1994年，王明珂来到四川，以岷江上游崇山峻岭间一个个离散的羌族聚居点为切入口，结合历史学与人类学，开始了对青藏高原东部边缘地带村寨人群的研究。彼时，来自西方的后现代解构主义思潮在学术界非常盛行。"第一次来这边，待了两三天，我就从几位羌族老人口中得知，他们小时候并没有'羌族'的概念，也不知道'羌族'具体是怎么回事，只有基于一村一寨间小范围的所谓'尔玛'认同。"王明珂回忆，仅凭最初那几天的所见所闻，写出一篇迎合当时风气的所谓"解构中国少数民族"的文章并非难事。"但这太简单而无意义，也无法真正解答我的困惑——我想弄清楚，当地人在没被官方识别为羌族之前，其认同与社会记忆是什么？同时，又基于怎样的历史记忆，让他们后来被划为羌族？其间，当地的人类生态变迁又是如何？"

弄清上述问题，花了王明珂足足10年的时光。

◆ "寻羌" 之旅
在田野中成为羌族的"撇脱"朋友

若依一般人类学的田野方法，只需选定一个"典型"的羌族村寨，花两三年的时间进行蹲点考察，就能在此基础上进行羌族民族志书写，勾勒出典范的羌族社会文化。然而，经过初期的接触，在与硕士博士期间作为研究主题的"羌"真正产生现实交集后，王明珂愈发意识到羌族在语言文化乃至认同上的复杂性，以至于要有所收获，不仅田野工作时间要拉长，田野调查方式也必须作出改变。

于是，从1994年到2003年间，王明珂在川西羌族地区采用了一种多点、移动的田野调查方式——没有固定的蹲点点位，且一般一次在某个羌族村寨的停留时间只有几天，最多不超过一周。"虽然如此一来要多花很多精力与成本，但也更有助于我们获得多元的历史文化记忆、探寻表象差异，进而认识偏见，在多点比较中找到共性，最终接近真实的本相与意义。"

在王明珂给记者展示的一幅川西北地区羌族村寨分布简图上，几十个被特别标记的小绿点星罗棋布，每个点位背后都浓缩着一段他当年翻山越岭的故事。

"长途跋涉是家常便饭。基本上每一个田野调查点，我都去了至少两三次。"王明珂直言，对于当时已迈入不惑之年的自己，爬山调查的过程实属一大挑战。"当年交通条件远远赶不上现在，很多地方都是土路，我们进沟调查，骑马、爬山，天气忽晴忽雨，很容易感冒。记得去过海拔最高的三龙沟高山羌寨，还在半山上羌族老乡的家里住了一晚，第二天再接着往上爬。"

王明珂在牟尼后寺作讲解

王明珂与理县垮坡村羌族长者攀谈

长时间的接触，不仅让王明珂学会了地道的四川话，更让他与羌族群众建立起了深厚感情。羌族儿女的热情豪爽，他至今记忆犹新。"大家视我为远道而来的客人，感觉我来是一件非常有面子的事情，尽可能地满足要求、热情招待。"王明珂回忆，老乡们拿出自家风干的猪膘等特色山货来招待他，毫不吝惜，"更别提和大家一起抽烟、喝咂酒了。"

王明珂参加羌族喝咂酒仪式

"在这边，要做好田野调查，就得成为一个'撇脱'的人，和当地人打成一片。"王明珂介绍，人类学研究中有一个"informant"（报道人）的概念，即在田野调查中帮助调查者了解当地文化的当地人，但自己从来不喜欢用这个词去指称在这里认识的羌族朋友。"我和他们是朋友！"田野调查结束多年来，只要一有机会，王明珂就会回四川看看老朋友。

◆ **"寻羌"成果**

多本专著相继出版，得到学界重视

　　十年"寻羌"，王明珂不仅对川西岷江上游地区羌族社会的历史地理、生产生活、信仰认同等各方面进行了全面梳理与系统研究，他还把关注的目光投向四川其他少数民族，并先后赴凉山彝族地区和甘孜丹巴等川内涉藏地区继续开展田野调查研究。其间，《羌在汉藏之间：川西羌族的历史人类学研究》《英雄祖先与弟兄民族：根基历史的文本与情境》等专著相继出版，这些他基于独具一格理论思辨与长期田野调查的成果，迅速得到历史学界、人类学界乃至学术圈外的重视与热烈讨论。

　　其中，王明珂对《羌在汉藏之间：川西羌族的历史人类学研究》一书特别有感情。这部凝聚他十年"寻羌"心血的力作，不仅全面而生动地呈现了羌族在社会、历史、文化各方面的驳杂特性，更通过"化陌生为熟悉"进而"视熟悉为陌生"，以反思大众一向熟悉且不怀疑的"典范知识"。比如，为人们在当代民族认识方面，于"历史实体论"与"近代建构论"之外提出一些新的诠释。

　　"田野调查中，当问及羌族的过去，经常听到不同村寨讲述着明显遵循同一种历史叙事规律的故事——从前当地没人住，后来有几兄弟来到这里，各建寨子、繁衍子孙，现在的人就是这几兄弟的后代……我称这种历史叙事文化为

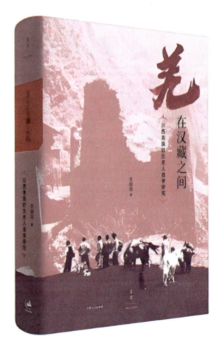

王明珂出版的著作

'弟兄祖先历史心性'，这其实反映了当地特定的人类生态——各族群既合作又彼此区分、对抗的人类生态，以及其间的男性中心主义。"在王明珂看来，这些文化是羌族历史文化资源中非常值得关注的部分之一，可用以思考今日中国各民族何以互称"兄弟民族"。

王明珂也愈发认识到他在羌族地区田野调查中所见现象的宏观意义，包括后续出版的《英雄祖先与弟兄民族：根基历史的文本与情境》，一直到他近年来对人类原初社群及其历史变迁等主题的思考，依然是《羌在汉藏之间：川西羌族的历史人类学研究》的延伸性研究。

王明珂"寻羌"的成果更体现在思想认识上——通过长期在田野调查中的不断积累，王明珂对中华民族多元一体格局的过去与现在也有了更多思考。他表示，从羌族的例子可以看到，相比以往，如今的少数民族多么为自己的民族文化与认同感到骄傲与自豪。"我们是羌族、我们是中华民

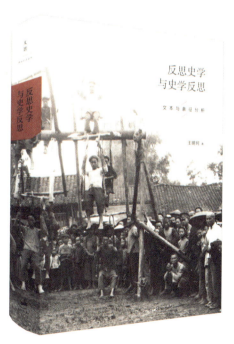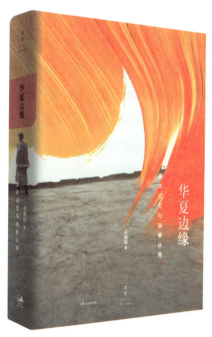

王明珂出版的著作

族、我们是中国人……"王明珂表示，民族认同切不可轻言"解构"，但同时也应有所"反思"，需要重新去审视认同变迁背后反映的时代变迁。"如此一来，我们才能更加明白今天的珍贵，同时更能正视其不足之处，进而为中华民族找到更好的未来。"

访　谈

在"华夏边缘"思考中华民族的多元一体

在青藏高原东缘思考人类社会进入文明的宏大问题

记　者　您选择在岷江上游羌族村寨地区为代表的青藏高原东缘地带开展长期田野调查，能否从边缘研究的角度谈谈羌族及这一带的重要性？

王明珂　历史上的"羌"，虽然常被中原王朝视为"化外之民"，但仍认为与中原华夏间存在密切关系；即便到了清末，如"排满"的章太炎等也认为羌族属"中夏之族"，在历史进程中不断融入华夏，且与近代中国西部地区诸多族群颇有渊源。

汉文化观念中的"氐羌"，与藏文化观念中的"朵康"，都指向了青藏高原东部边缘的族群与地域，也就是如今的羌族、藏族及其聚居的西部地区。这说明汉藏之间密不可分的关系，在于彼此有一重叠且无法分割的共同"边缘"。

其实，很多在这边做语言学调查、人类遗传基因调查、社会文化调查的学者都知道，由于地理上的孤立与生存资源竞争激烈，青藏高原东部边缘一带的人类多样性非常丰富，存在着许多拥有不同的语言、文化、基因、社会形态的人群"孤岛"。在这里开展跨学科的田野调查研究，还有助于我们解答一些宏大问题，比如探讨中国史前文明如何从考古学泰斗苏秉琦所言的"满天星斗"过渡到"月明星稀"，思考费孝通先生提出的中华民族多元一体格局，以及探寻人类社会如何从"原初社群"进入所谓文明。

我希望通过我的研究，建立一种历史学和人类学知识，让今日构成中华民族的各个民族，对自身及其历史有更深入的了解，进而对当下有更深入的认识，因而对更好的未来有期许与规划。

以多点、移动的田野调查方式探寻文化的共性与差异

记　者　相比传统人类学的蹲点田野，您在羌族地区的田野调查却采用一种多点、移动的方式进行。为何如此选择？

王明珂　自1994年我第一次踏入岷江上游的羌族地区，至今已经30年。当年之所以采取多点、移动的田野调查方式，不仅是因为这样做能尽可能避免长时间造访给主人家带来不必要的麻烦，更在于这种调查方式能适用于不同地区羌族在文化等方面存在较大差异的特点——虽然经过民族识别，大家都成了"羌族"，但隔一个寨、一条沟、一座山，具体情况可能就不一样了。比如这个村寨的羌族社会受汉人影响大，那个村寨的羌族社会中又有许多藏文化元素……如果按照传统的人类学蹲点田野模式，找一两个所谓典范的羌族村寨开展调查，搜集到的资料就完全无法涵盖羌族文化的多元性。

多点、移动田野调查，并非由一个点来深入认识整体社会，而是通过从多个田野点的比较中探寻其间的共性与差异，并思考这些共性与差异所

反映的社会情境，个人在其间的处境、情感与行动抉择，以及它们如何巩固或改变社会现实情境。因此，我不仅移动于不同的田野点，在同一田野点，我的调查也移动于不同世代、性别、职业、教育背景等的个体之间。

记　者　人类学研究必然涉及理论与田野两方面工作，您认为应如何处理好两者之间关系？

王明珂　人类学的要旨不只是了解人类社会的多元性，也是借此认识自身所处的社会。因此在人类学研究中，基本的民族志资料阅读与搜集是最重要的。

人类社会是非常复杂的，相关理论只是引导我们思考的工具，它本身不是最后的目的。就好比你在读一本书时，遇到高深理论就应该想一想，能不能用自己的田野或生活经验来解释；如果不行的话，就表示没有读懂。有段时间我参加学生的毕业答辩，常常从他们的论文中挑一两句最漂亮的理论性文句考学生："你们田野调查做完了，博士论文也完成了，现在能不能把这几句话用自己做田野的实际经验解释一下？"然而，并没有多少人能顺利讲出来，这就成了"理论是理论，田野是田野"。

每一代学者所做的民族资料搜集工作都非常重要，如20世纪二三十年代知名学者黎光明等人在川西考察留下的记录，以及20世纪50年代中国大陆官方开展民族识别工作汇编的民族调查丛书，乃至地方民间学者基于兴趣搜集记录的民族文史数据，这些都非常宝贵，不仅是为了自己的研究，更是为了后来的研究。基于此，我曾将一个研究型计划变成资料搜集计划，用相关经费支持多位研究生展开青藏高原东缘的田野调查，把相关资料搜集起来、保存好。后来，我还与北京大学、青海民族大学等高校谈过，计划这两年建一个关于青藏高原东缘各民族社会文化的网站储存数据，既保存、展示了相关民族文化，又能让大家做研究时利用。

从人类生态角度思考民族文化传承

记　者　作为历史人类学家，您对"族群""民族"这些概念怎么看？应
　　　　如何把握相关理论，进而增强中华民族的凝聚力和认同感，铸牢
　　　　中华民族共同体意识？

王明珂　过去许多学者在界定民族上深受民族实体论影响，认为一民族由
　　　　该人群客观的体质、语言、文化特征所界定；近30年来，又有学
　　　　者基于"想象的共同体"等西方解构性理论，认为民族是近代建
构的产物，即民族"近代建构论"观点。我认为这两种针锋相对的模式都
有所缺失。

　　我不同意在民族、族群认同研究领域中的解构性研究。相关观点往往
过于强调民族、民族国家、少数民族等是近代以来"想象"与建构的产
物，从而忽略了其在这之前更长时期中的历史文化基础，这种近代主义
（modernism）倾向，割裂了过去，认为什么都来自近代建构。我认为，
我们得承认近代以来发生了巨大变化，但更要注意这些"变化"是在各地
固有的社会文化、历史记忆基础上发生的，并非完全受到外来因素影响。
更何况，过分强调解构，只会加剧人们各据自身政治文化立场而相互解
构、加剧对立，实无益于不同文明间相互了解。

　　至于凝聚社群或民族认同，我认为更重要的是其对应的人类生态。相
较于过去的某些偏见，今日由56个民族组成的中华民族，当然是较好的人
类生态，是值得肯定的巨大进步。

记　者　从少数民族发展角度，您对民族文化传承有何建言？

王明珂　我认为，民族文化传承可以从人类生态角度思考。人类生态具有
　　　　整体性，包括环境、生计、社会、文化这四项密不可分且环环相
　　　　扣的要素。其中，文化泛指人们为巩固和延续本地人类生态所建
构的社会典范。而如民族服饰、仪式等某一特定文化所造成的景象，则是

文化表征，其践行又能强化人类生态本相。

以羌族为例，我们都知道以前羌族社会有山神崇拜的传统，每个村寨都有各自的山神；邻近的几个村寨，在各自山神之上，还有共同崇拜的、更大的山神……这种文化其实反映了当时的人类生态——在资源竞争激烈的背景下，不同人群各守自己的地盘，通过"你们祭你们的山神，我们祭我们的山神"，不知不觉间强调了"你有你的地盘，我有我的地盘"，同时必要时又相互帮助，是一种既有区分又有合作的人类生态。如今，当地的人类生态已经发生了巨大变化，传统的村寨地盘界线难以被尊重及维持，因而山神崇拜自然也就慢慢消失了。原来的文化是过去当地人类生态的一部分，那么随着那种人类生态成为过去，自然不需要鼓励现在的羌族在如今的日常生活中给予实践，只需将其作为过去的记忆，加以搜集、整理、研究，让大家更好地了解今日是由什么样的过去演变而来即可。

对少数民族而言，我们应当鼓励其认识自身的文化，进而了解其现实意义，但不宜鼓励他们实践一些已经不符合当下人类生态的所谓传统文化。

（马逸珂）

文化传承发展

52

百人谈

提 要

● 无论作为创作个体还是国家院团，推出的作品都需是文化自立的实践与文化自信的彰显，通过珍惜、保护和利用自己的文化遗产，去实现对伟大人民史诗的讴歌

● 艺术家要把个体的人放入眼里、贴近心里，"小写"时向着精妙幽微处钻研，"大写"时朝着宽广纵深处努力

● 京剧是中国戏曲中影响最大、最具代表性的剧种，集中华优秀传统文化之大成。京剧的诞生本就带有多元融合、包容并蓄的历史基因

● 我们需要将这些传统经典剧目有规划地孵化，不能让传统精粹只变成碟片，成为U盘

王勇

中国戏剧家协会副主席、
国家京剧院院长

人物简介

　　王勇，全国政协委员，中国戏剧家协会副主席，中国文联全委会委员，国家京剧院院长，全国文化艺术职业教育教学指导委员会首席顾问，一级编剧，博士生导师，享受国务院政府特殊津贴专家，全国文化名家暨"四个一批"人才。代表作有人偶剧《鹿回头》，话剧《国之大臣》，儿童剧《飞啊飞》，歌剧《呦呦鹿鸣》《红船》《天使日记》《侨批》，舞剧《红高粱》，戏曲《英子》《项羽》《人民英雄纪念碑》《密云十姐妹》等三十余部，多次荣获"五个一工程"奖、"文华大奖"、"文华剧作奖"、"曹禺剧本奖"等。

把个体的人放入眼里贴近心里，创作无愧于时代的艺术精品

2024年9月初，四川省歌舞剧院排练室内，由王勇编剧的舞蹈诗剧《蜀道》已全面进入创排阶段。舞蹈演员充满力与美的肢体动作，展现着蜀道由古及今的发展变迁。

曾在8月底，王勇带领国家京剧院青年团全国巡演，在上海5天举办了6场演出，《五女拜寿》《主角》《野猪林》《春草闯堂》《杨门女将》《闹天宫》6台大戏集中展示了剧院这两年的创作成果。

王勇是著名编剧，也是国家京剧院院长，两种身份在他身上呈现高度统一。"衡量一个时代的文艺成就最终要看作品，衡量文学家、艺术家乃至文艺院团的价值也要看作品。"王勇认为，无论作为创作个体还是国家院团，推出的作品都需是文化自立的实践与文化自信的彰显，通过珍惜、保护和利用自己的文化遗产，去实现对伟大人民史诗的讴歌。

◆ 把编剧作为终生事业

1968年，王勇出生在江西萍乡，12岁开始学习江西地方戏采茶戏。这种古老的传统戏曲剧种，开启了王勇的戏曲之路。

同时，另一粒种子在他心里萌芽。学生时代，班里一位语文老师经常给学生们念诵古诗。古诗一字一句，含蓄凝练，意蕴深长，在王勇心里激

荡起无尽想象，让他感受到了文字的魅力。"从那时我开始喜欢文字，到现在我依然喜欢文字。"王勇说，成千上万的字词，常用不过两三千字，这些文字经过不同排列和组合，产生奇妙的情感和变化，带来无穷的魅力和力量。

对戏曲与文学的喜爱，让王勇找到了方向。1987年，王勇考上中国戏曲学院戏曲文学系，走上职业编剧的道路。

1991年，王勇大学毕业后来到国家京剧院工作。改革开放以后，紧扣时代脉搏，激扬改革精神，戏曲也迎来一段时期的繁荣发展。"当时京剧红火了一阵，很短暂，甚至可以用'昙花一现'来形容。"王勇说，随着流行文化兴起和生活节奏加快，京剧在社会转型中受到强烈冲击，很快呈式微态势。

在王勇办公室里，一直保留着一份手稿。一沓格子框的信笺上，蓝色墨水笔手写的作品《佘太君》，是一部讲述杨门女将佘太君的历史故事剧。"当时京剧大环境不景气，这个戏没排成。"王勇说，那段时期，他大部分时间都在埋头看书写作，希望在精神上找到一种补偿。

1998年，王勇离开国家京剧院，相继在中国艺术研究院、原文化部艺术司、国家艺术基金管理中心等单位工作，不管在什么岗位，他始终在工作之余坚持创作。"从大学毕业后，我就选择了职业编剧的道路，并将之作为我终生追求的事业。"王勇说，中途也曾遇到过困难，想要放弃去干别的，"但我好像干不了别的，就这么坚持下来了。"

王勇很多作品都是"在路上"完成的。从家里坐地铁到单位的通勤路上，王勇习惯用手机备忘录写剧本。"地铁里，人挤人、人挨人，但沉浸在写作里，上班路途成了最幸福的时刻，也是时间过得最快的时候。"

近20年，王勇创作了逾30部舞台剧作，代表作有人偶剧《鹿回头》，话剧《国之大臣》，儿童剧《飞啊飞》，歌剧《呦呦鹿鸣》《红船》《天使日记》《侨批》，舞剧《红高粱》，戏曲《英子》《项羽》《人民英雄纪念碑》《密云十姐妹》等，多次荣获"五个一工程"奖、文华大奖、文华剧作奖、曹禺剧本奖等。

王勇担任编剧的京剧《项羽》剧照

◆ **把个体的人放入眼里、贴近心里**

在一篇创作谈里，王勇写道："剧作家写什么？从个体的人，写出整体的人民。观众看什么？从个体角色，看见典型形象。艺术家要把个体的人放入眼里、贴近心里，'小写'时向着精妙幽微处钻研，'大写'时朝着宽广纵深处努力。"

王勇创作的作品始终聚焦于现实题材。"文章合为时而著，歌诗合为事而作。"他认为创作需要有对现实的关切，也要担负促进社会进步的责任和使命。

民族歌剧《呦呦鹿鸣》，展现了科学家屠呦呦对科学的执着与坚守；河北梆子《人民英雄纪念碑》，以普通石匠的视角反映大时代的沧桑巨变；民族歌剧《侨批》，记载了老一辈海外侨胞艰难的创业史和浓厚的家国情怀。在王勇看来，"这些剧中人物都是人民的一分子，共同书写了波澜壮阔的中华民族发展史，培育了历久弥新的中华民族精神"。

民族歌剧《红船》是王勇2018年在四川挂职期间创作的。王勇记得，当时他突发急症住院治疗在病床上输液时，开始漫无边际地畅想，恍惚中见到一艘画舫从历史深处驶来，种种场景也纷至沓来，创作灵感油然而生。他急忙打开电脑，在病床餐板上写作，在亢奋的状态中创作了《红船》。

2021年7月2日，作为庆祝中国共产党成立100周年优秀舞台艺术作品展演剧目，民族歌剧《红船》在国家大剧院上演，以参加中共一大的13个人为核心，展现中国共产党从浙江嘉兴南湖一条小船上走来，承载着历史选择、民族希望，劈波斩浪驶向辉煌的史诗画卷。

王勇代表作《红船》舞台演出剧照

这是"为时而著"的一部作品。"时值中国共产党成立100周年，我觉得我有这份冲动去表达。"王勇说，戏剧是时间和空间的艺术，舞台演出不过百来分钟，却能反映无限的风云变幻。写现代京剧《弄潮》，是被王勇称作一次"自我挑战"的创作。王勇说，在剧本创作里，现代戏创作较难，现代京剧更难，现实题材中的工业题材难上加难，《弄潮》更是工业题材中的科技题材。

在《弄潮》的舞台上，王勇以真实的人物和故事为原型，讲述了主人公及其团队自主创造智能无人全自动化码头的坎坷历程。来自京剧《海港》的核心唱段"轻轻地一抓就起来"在头尾串联，勾连起过去、现在两代码头工人一脉相承的精神。

◆ 京剧在新时代焕发生命力

步入国家京剧院八楼畅和园，《穆桂英挂帅》剧照占据整面墙，梅兰芳扮演的穆桂英，英姿飒爽、风华绝代。

2020年12月，王勇担任国家京剧院院长。中国京剧院（国家京剧院前身）1955年成立，首任院长是京剧艺术大师梅兰芳。同年，中国京剧院所属的人民剧场正式开幕，梅兰芳登台献上了精彩的开幕演出。此后，这里成为京剧殿堂，数不尽的名家名剧在这里登台献演。

"一座剧院，有了艺术、有了艺术家，才是一座真正的剧院。"王勇说，"我在介绍自己单位时曾说，首任院长是梅兰芳，我是现任院长，与他放在一起，那就像月亮与星辰的关系。不管怎么样，我也在星辰上闪烁过。"

离开20余年后，王勇再次回到这里，包括京剧在内的中华优秀传统文化，在新时代迎来快速发展。国家对繁荣发展京剧事业的支持、对传承发展中华优秀传统文化的重视，让文艺工作者大有可为，也让国家京剧院迎来了"最好的时代"。

8月31日，上海宛平剧院，青春版《杨门女将》作为国家京剧院青年团巡演上海站的收官大戏上演，国家京剧院年轻的演员阵容在舞台绽放，展现了杨门女将骁勇善战、侠骨柔情的飒爽风姿。演出结束，台下掌声雷动，演员两次谢幕，观众久久不愿离场。

"艺术家所有的努力，就是为了在台上最后一瞬，在谢幕时得到观众认可。"王勇说，在散戏之时，他总是习惯混在离场的人群中，"偷听"观众对演出的反馈，无论赞誉还是批评，这些毫无顾虑的评价反映了群众心声，是艺术进步最直接的推动力。

这次巡演集中体现了国家京剧院近年来的剧目创作和人才培养成果。2022年8月，国家京剧院将三团改组更名为"青年团"。王勇说，早在20世纪90年代，中国京剧院就曾经组建过青年团，当时任剧院副院长、艺术总监的京剧表演艺术家刘长瑜参与了青年团的组建。时隔多年，青年团再次组建，刘长瑜任青年团艺术顾问，以剧目带人才的方式，加大对青年艺术家的培养力度。

传统艺术焕发时代生命力，文艺工作者也应进一步创作无愧于时代的艺术精品。"一方面，要借助新的技术，让传统艺术持续焕发青春力量。另一方面，不管科技如何发展、发达，内容才是王道。"王勇说，文艺创作要"咬住青山不放松"，京剧的青山就是内容，"不论时代如何更迭，我们演的还是京剧，传承的还是国粹艺术，展现的还是中国传统美学。内容和形式是艺术作品的一对翅膀，只有内容和形式达到一致，这只鸟才可能飞得更高、飞得更远。"

京剧之美，传承中华文化内涵和神韵

着眼于人民中的"一分子"

记　者　近20年您创作了30余部舞台剧作，涉及戏曲、话剧、歌剧、舞剧、音乐剧等10余种不同种类。您为何选择如此广泛的剧种进行创作？创作不同艺术种类有哪些经验或感受？

王　勇　在我看来，职业编剧应当有能力创作各个艺术种类的作品。创作不同戏剧剧种，也是一种学习过程，每一个剧种都有它的特点，在创作中可以吸纳、融会各剧种优点。以歌剧为例，这是一种来源于西方的艺术形式，我没有沿袭西方歌剧的"板块结构"创作习惯，而是坚持中国戏曲"点线结构"创作传统。"点线结构"是传统戏曲剧作的最大优势，一人一事一线，脉络分明、贯通始终，如一条彩线串起珍珠项链，既保持了铺陈事件的整体节奏，又留下了情节跌宕起伏的张弛空间。《呦呦鹿鸣》是我致敬传统戏曲创作技法的一部作品。在创作中，屠呦呦这个人物延展为一条"线"，这条线串联起她的成长轨迹、科学实验、人体试验等各个"点"，故事的悬念不在于戏剧情节、事件以及人物行动的目的，而在于引起观众看她如何行动的兴趣和期待。观众念及的不是剧中人物发生行动的目标，而是眼前正在行动的状态，及其表达这种行动的形式，如精湛的演唱和表演的技艺。这是中国戏曲的创作传统，也是中国观众的审美传统。

记　者　您创作了《弄潮》《红船》《人民英雄纪念碑》等众多现实题材
　　　　作品，"人民性"是您一以贯之的创作理念，您如何理解以人民
　　　　为中心的创作导向？

王　勇　"情动于中而形于言"，体悟人情、感怀世态，心中有人民，笔
　　　　下才有乾坤。在我的创作中，民族歌剧《呦呦鹿鸣》写"一个
　　　　人"的平凡与崇高，河北梆子《人民英雄纪念碑》写"一座碑"
镌刻英雄的牺牲与不朽，民族歌剧《红船》写"一艘船"辉映先贤的浪漫
与激情，民族歌剧《天使日记》是"一本日记"记下医护的生死时速，民
族歌剧《侨批》是"一封信"寄托隔海的挂念与遥想。

　　在创作《人民英雄纪念碑》时，最触动我的不是设计者梁思成、林徽
因，不是浮雕创作者吴作人、刘开渠、傅天仇、张松鹤，而是一群普普通
通的曲阳石匠。他们过去雕刻王侯将相，如今雕刻人民英雄纪念碑，石碑
与石匠之间的精神共振深深触动着我。民本思想是千年中华文化的赤诚执
守。着眼于人民中的"一分子"，让我能落笔于生活中的小切面，从小处
深扎进生活、探究细节，再向高远处攀升精神、寄寓风骨。

美能让你鼻子发酸、眼睛打湿

记　者　京剧作为国粹有哪些重要特质和独特魅力？对于中华优秀传统文
　　　　化的传承和发展有何重要意义？

王　勇　京剧是中国戏曲中影响最大、最具代表性的剧种，集中华优秀传
　　　　统文化之大成。京剧的诞生本就带有多元融合、包容并蓄的历史
　　　　基因。梅兰芳先生曾言，"中国戏剧乃为东亚历史上人类之实迹
蜕化而来之特种美术也"。"特种美术"是从艺术形式的视角出发，强调
中国戏曲具有一套完整的、独立的表达体系，而"人类之实迹"则是从内
容的普遍意义出发，道出了京剧舞台表达形式的广阔视域，跨越语言的藩
篱，开启心灵的对话。

意象是中国艺术独特的符号系统。京剧集传统文化之大成，程式化、虚拟化的表演体系充分调度了意象的表达空间。仅是梅兰芳对"手"的意象创造就令人叹服，梅兰芳的手势有着极富诗意的名称，如"雨润""吐蕊""承露""挥芬""并蒂"，发挥着重要的情感叙事功能，表现人物的喜悦、惊讶、气愤、惧怕，等等。京剧的美，高度融合了中国人的传统审美，是写意的美、虚拟的美、含蓄的美，美能让你鼻子发酸、眼睛打湿。真正的美是能让人流眼泪的，要有一点生活阅历和人生经历才能体会。在当今高速发展的快节奏时代，这样的美尤为珍贵。通过唱、念、做、打、舞，京剧包罗万象，展现大千世界，以其综合性、虚拟性、程式性等写意之美，成为世界戏剧舞台上独树一帜的艺术表现形式，传承中华文化的内涵和神韵。

记 者 推动新时代京剧艺术的创造性转化和创新性发展，国家京剧院在剧目创作方面有哪些探索实践？

王 勇 国家京剧院在秉承现代戏、新编历史剧、传统戏"三并举"剧目方针的基础上，进一步开拓改编经典名著、经典名剧的"两改"思路，遵循艺术规律，尊重本体法则，以剧目创排实现京剧艺术的传承与发展，陆续创排移植改编京剧《五女拜寿》、现代京剧《主角》《雄安人家》《老阿姨》、新编历史剧《纳土归宋》，复排《西厢记》《奇冤报》《谢瑶环》《苏小妹》等经典剧目。

国家京剧院自1955年成立至今，创编上演了600余部不同题材的剧目，这是一笔值得珍视的文化财富。老戏新排，如何能让传统剧目焕发新的风采？剧院让领军人才、拔尖人才培养对象担纲主演，通过经典之作的常演常新、名家坐镇的"传帮带"，推动京剧艺术的薪火相传。

今年，由著名京剧表演艺术家刘长瑜亲授指导的复排京剧《苏小妹》上演。20世纪80年代，刘长瑜向著名京剧表演艺术家吴素秋学习该剧，并在多年演出实践中，结合自身理解与观众审美进行局部调整。此次剧院复排《苏小妹》，耄耋高龄的刘长瑜不辞艰辛，数次赴排练场为青年演员说戏排戏，让苏小妹这一才女的经典形象再现新时代舞台。20世纪50年代，国家京剧院艺术风格奠基者之一杜近芳先生出演的京剧《白毛女》，也是剧院重要复排剧目。重新打造该剧，剧院在剧情、唱腔、舞美等方面推陈出新，让60余年前的作品在今天依然能展现强劲的生命力。历经数代京剧人的传承发展，经典剧目复排见证了京剧艺术的薪火相传，也将持续推动新时代京剧艺术的创造性转化和创新性发展。

记　者　现在国家京剧院推出的新创作品，年轻观众的上座率很高，这些剧目为何能获得年轻人的喜爱？

王　勇　很多人都注意到，现在京剧迎来了很多年轻观众。对于京剧受众群体，我们做了一些统计，国家京剧院不少剧目的青年观众比例达75%，这是非常令人欣喜的事，谁掌握了青年，谁就赢得了未来和明天。究其原因，是如今正逢全社会都重视、关心、热爱中华优秀传统文化的时代。

为吸引年轻观众走进剧场，国家京剧院也在不断创新表达方式和传播手段，让科技为传统京剧赋能。现代技术兴起之后，京剧从未停下与新技术融合的脚步，中国第一部电影是由京剧大师谭鑫培主演的《定军山》，中国第一部彩色电影是由梅兰芳先生主演的《生死恨》。如今，新的科学技术来临，京剧更应敞开胸襟拥抱新技术。采用5G+4K+VR技术，国家京剧院已连续三年在春节期间推出京剧《龙凤呈祥》海内外演播。我们还打造了数智人"尤子希"，通过展现尤子希学习京剧的过程，让年轻人身临其境感受京剧文化的魅力。

不能让传统精粹只变成碟片、成为U盘

记　者　作为全国政协委员，您呼吁成立京剧艺术传习所，挖掘、整理、

改编、上演优秀传统剧目，这对于京剧传承发展有何意义？传统剧目在挖掘保护方面还面临哪些困境？

王 勇 自1790年"徽班进京"起，京剧至今已有234年的历史，留下灿若星辰的经典剧目。20世纪二三十年代，演出剧目多达三千多出。今天，我们不得不正视，全国京剧院团的常演大戏、折子戏加一块也不会超过一百出，与京剧辉煌的过往、当下观众的需求极不相称。

以国家京剧院为例，我们在调研中发现，剧院三个团的常演剧目高度重合，重复率超80%。除近年来剧院新创剧目外，常演出的大戏多为《四郎探母》《红鬃烈马》《锁麟囊》等传统戏。国家级院团尚且如此，各地方院团更普遍存在这一问题。

从20世纪开始，我国通过两大工程对京剧艺术进行抢救。开启于20世纪80年代的"中国京剧音配像精粹"文化工程，用前人的录音配像，历时21年录制了400余部剧目。2016年启动的京剧"像音像"工程，演员录音后自己配像，录制300余部名家名剧，为京剧事业留下了珍贵的艺术记录。我们需要将这些传统经典剧目有规划地孵化，不能让传统精粹只变成碟片、成为U盘。

今年全国两会期间，我提交了一份提案，建议成立京剧艺术传习所，增加资金用于优秀传统剧目的传承，选择合适的、有基础的剧目，协调艺术资源、遴选师资教授复排。每个院团根据客观实际，每年整理复排一到两出传统经典剧目，这样一年就有几十出，五年就能复排数百出经典剧目。

记 者 戏曲青黄不接、人才断档问题显著。您认为产生这一现象的原因有哪些？国家京剧院在人才培养方面有哪些举措？

王 勇 人才问题，确实是京剧发展的当务之急。京剧表演人才是京剧传承发展的根基，没有优秀的表演人才，京剧传承发展就是无根之木、无水之萍。我们有一组数据，国家京剧院现有演员、演奏员、编剧、导演等380余人，35岁以下人员200余人，占比54%。这是一支年轻的队伍，是一个青春的剧院，但问题在于，京剧是"角儿"的艺术，在全国有影响力的京剧领军人才即将退休，35岁以下这批年轻人还不能挑大梁。

如今京剧专业艺术教育不容乐观。院校培养与院团实践有一定差距，"好苗子"难得一见，毕业生入职后素质不够全面、舞台经验缺乏。对于剧院这样的艺术创作生产单位，需要花很长时间培养人才，让我感到特别着急。

对此，国家京剧院也在人才培养上想办法。剧院将三团改组更名为"青年团"，以全面优化青年演员实践机制，在重点剧目、重大项目中展现新力量。2022年，国家京剧院开展了"百日集训"系列活动，遴选出"领军人才"培养对象6名、"青年拔尖人才"培养对象30名，为他们打造百余场专场演出，在艺术实践中提升演职员的专业技能和综合素质。这期间，顺应戏曲艺术以师带徒、口传心授的教学规律，剧院还发起集体拜师仪式，以"功成不必在我，功成必定有我"的责任担当，持续打磨提升青年演员的专业技能。这也是剧院时隔61年再度举办的大规模拜师活动。

另外，我也建议文艺院团与艺术院校之间开展人才培养计划。由院团委派艺术成就卓越、舞台经验丰富、技艺水平高超的艺术家，以经典剧目教学为核心，让具有成才潜力的在校生"一带一"或"一带二"直接跟随名家学艺。入职剧院后，再根据毕业生的自身条件，继续安排剧院艺术家进行"一对一"培养，推动青年人才的持续成长。

（薛维睿）

文化传承发展百人谈

提 要

● 浩如烟海的古籍是先人留给我们的珍贵文化遗产，里面不仅保存着中华民族数千年来的集体记忆、思想智慧和知识体系，更是我们今天坚定文化自信的重要源泉

● 2017年，"全球汉籍合璧工程"正式启动，第二年作为国家重点文化工程列入"中华古籍保护计划"，有200多个学术团队近千位专家学者参与其中

● 目前"全球汉籍合璧工程"已对五大洲至少98个国家和地区的近2000个藏书机构进行了摸底调查，基本掌握了境外汉籍存藏情况，数量约为187.5万部

● "全球汉籍合璧工程"不仅是对境外中华古籍的调查登记，更是基于文明交流互鉴视角对中华古籍流布的全过程综合把握

郑杰文 "全球汉籍合璧工程"首席专家、山东大学讲席教授

人物简介

　　郑杰文，"全球汉籍合璧工程"首席专家，山东大学讲席教授、"台湾大学"客座教授、日本东京大学高级访问学者、国家社科基金学科评审组成员，曾兼任中华文学史料学学会古代文学史料研究会会长等，获国务院颁发政府特殊津贴。主要从事先秦两汉文史研究，发表论文200余篇，出版著作20余种，主持国家、省部级科研项目十数项，获中国高校人文社会科学研究优秀成果奖一等奖、山东省社科优秀成果重大成果奖、山东省社会科学突出贡献奖等十数项。学术专著《中国墨学通史》被收入《国家社科基金成果文库》（首批10部专著之一）。

寻回境外中华古籍，裨补中华文化完整性

"《铁冶志》，手抄本，存世孤本，明代工部官员傅浚著，系统总结了16世纪初中国的冶铁技术，具有重要的文献价值和学术价值。"

"《淮南鸿烈解》，宋刻本，存世孤本，曾经被晚清四大藏书楼之一的山东杨氏海源阁收藏，民国时杨家为救济灾民将此书出售，此后一度下落不明。"

......

郑杰文向记者介绍复制回归的孤本文献《铁冶志》

这些珍贵古籍的现世，均源于"全球汉籍合璧工程"。

由于种种原因，大量中华古籍流散于境外，其中不乏中国境内缺藏的版本和品种。2017年，"全球汉籍合璧工程"正式启动，2018年该工程作为国家重点文化工程列入"中华古籍保护计划"。

"全球汉籍合璧工程"首席专家、山东大学讲席教授郑杰文介绍，该项目旨在将境外所藏中华古籍的全部情况调研摸清，进而对中国境内缺藏的品种和版本进行复制、出版、整理和综合性研究，从而完善中华古文献的存藏体系，裨补中华文化完整性，在助力中华优秀传统文化传承发展的同时，向世界展示中华文明的深厚积淀，促进国际汉学研究的创新性发展和世界多元文化的交汇繁荣。

"全球汉籍合璧工程"的部分成果

◆ 子学研究

书写师生学术薪传佳话

郑杰文的学术历程主要集中在山东大学，但他的经历可以说是中国百年文化学术史的一个生动缩影。

作为国内老牌高等院校，山东大学素以文史见长。1985年，郑杰文考入该校研究生，跟随导师董治安攻读古代文学。

董治安同样毕业于山东大学，一直从事中国先秦两汉文学和文献的教学研究工作，曾任山东大学中文系主任、古籍整理研究所所长。董治安师承著名学者高亨。"高亨先生是清华大学国学研究院第一届学生，师从梁启超、王国维两位大师，毕业论文《韩非子集解补正》深得梁启超的嘉奖。"郑杰文说，从1953年到1967年，高亨在山东大学任教的14年间，在古文字、先秦文化史研究和古籍校勘考据领域开一时之风气，除了引领学术潮流外，更培育了一批学生。董治安是其中之一，也被认为是高亨的学术传人，他曾穷十年之力，整理出版了高亨遗著《古字通假会典》，成为文字学、音韵学研究领域的权威之作。

作为高亨的再传弟子，郑杰文在1987年研究生毕业后，选择留校任教。毕业时，要确定未来的研究方向，董治安对郑杰文说，高亨先生的研究有三项用力最勤，分别是《周易》《诗经》和先秦诸子。因为前两项已经有师兄继承，郑杰文选择了先秦诸子，并得到导师的支持。

关于先秦诸子，高亨先生以研究著作"多而精"蜚声海内外，涉及《老子》《庄子》《荀子》《墨子》《韩非子》《吕氏春秋》《商君书》等多部著作，至今为后世学者所珍视。这也是董治安的治学重点，在他的论著成果中，子学研究论著的数量几乎占一半。

从梁启超、王国维到高亨，再到董治安，传至郑杰文，一条中国文化学术传承的脉络清晰可见，也成就了一段师生学术薪传的佳话。

留校后，在继承前辈学者研究成果的同时，郑杰文不断开拓新的研究领域，并推出一批在学术界颇具影响力的先秦诸子研究成果。

◆ 从文献入手

填补先秦诸子研究多项空白

郑杰文继承先师的学术志趣和治学方法，注重从文献出发，不做无根之谈。自20世纪80年代至今，郑杰文先秦诸子研究的成就主要集中在三个领域：先秦小说家文献的整理与研究、战国纵横家文献整理与研究及墨学发展史研究。

在先秦诸子"九流十家"中，小说家著作以其乃"街谈巷语，道听途说者之所造也"而不为学人重视，《汉书·艺文志》所载共1380篇的小说家著作均已亡佚。西晋时期，从战国魏襄王墓中出土的竹书《穆天子传》是流传至今的唯一一部先秦小说家著作，但由于种种原因，此书在流传过程中，文字讹舛、章节错乱情况比较严重。有鉴于此，郑杰文对该书的30余种古本进行对校，撰成《穆天子传校释》，并进一步对其成书、流传、性质类别、学术价值、思想意义等进行了阐发，撰成《穆天子传考论》六篇。1992年，以上两部分合为《穆天子传通解》出版。学术界评价，该书对于《穆天子传》的阅读和研究，无疑有其广泛的参考价值。

同为先秦诸子"九流十家"之一的纵横家，鬼谷子则因"上诈谖而弃其信"，也素不为学者所重视，其代表著作《鬼谷子》长期处于无人问津的状态。20世纪90年代，郑杰文利用20余种《鬼谷子》版本，参以唐宋类书、古注中的《鬼谷子》引文，整理出一个校勘精审、注释翔实的《鬼谷子》校注本。在此基础上，郑杰文又广搜证据，对《鬼谷子》的成书年代、鬼谷先生身份、鬼谷所在地等问题作出考辨。此外，他还结合实际对《鬼谷子》中的游说程序、决策技术、揣摩要领、论辩技巧等实用性内容进行了综合论述。这一系列成果被学界称为"《鬼谷子》研究史上的里程碑"。在对《鬼谷子》进行深度发掘外，郑杰文还对战国纵横家及其文献进行了全面观照，先后撰成《中国古代纵横家论》和《战国策文新论》两书。

墨家与儒家在战国时期并为"显学"，但墨家之学自秦汉之后日渐式微，相关著述也大量亡佚。为填补学术界缺少全面、系统总结墨学发展史著作这一学术空白，郑杰文于2000年申报国家社科基金项目"墨学史研究"，并在结项成果基础上撰成《中国墨学通史》一书。书中提出了"《墨子》53篇所反映的墨家学说，有一个较长时期的发展过程""墨家学团是一个政治一体化、经济一体化的准军事化的学术结社组织""墨家传《诗》《书》有自己独立的学术系统""《史记》载墨子传记24字为残篇"等一系列关于墨学史的新见解，在国内外产生重大学术影响。

《中国墨学通史》一书出版后，入选《国家社科基金成果文库》第一批优秀成果，并于2009年获教育部"高等学校科学研究优秀成果奖（人文社会科学）"一等奖。

此外，在经学史方面，郑杰文也有著述，代表作《中国经学学术编年》是我国第一部编年体经学通史著作，共8卷15册，770万字。此书出版后，受到学术界的广泛关注和高度认可，于2018年获第三届全球华人国学成果奖。

◆ **三代学人**

接力成就一项文化工程

回过头看，郑杰文选择先秦诸子研究，不仅仅是一种学术继承，更开启了一项影响更为深远的重大文化工程。

高亨先生在生前曾有一个关于子书整理与子学研究的宏大计划，耗时数十年不断完善整理了一份《先秦诸子研究文献目录》（手稿）。郑杰文说，我国古代典籍主要分经、史、子、集四部，其中子部古籍全面反映了我国古代哲学思想、学术文化、科学技术、生活方式等方面内容，有独特的历史价值。

20世纪60年代，高亨先生将手稿郑重托付给弟子及学术助手董治安。此后，董治安通过编制国家和教育部科研课题，形成了关于以"子书标点、影印等整理方式和子学专题研究"为基础内容的子书整理和子学研究课题规划，并作为学校的中长期研究课题呈报教育部等部门。师承董治安，郑杰文立志把子书整理与研究推向深入。2010年，他提出对境内外现存子部汉籍进行系统整理和研究，将项目命名为"《子海》整理与研究"。当年6月，该项目获批国家社科基金重大委托项目。

郑杰文说，"子海"即"子书渊海"的意思，针对的是整个子部，而不只是狭义的先秦诸子，并通过设立一系列研究专题，使得《子海》不仅仅是一个文献整理项目，更是一个深层次的学术研究项目。《子海》项目启动之后，郑杰文和专家们立刻展开目录编纂、版本调查等工作。他们发现，有大量子部古籍珍稀善本藏在中国台湾、日本、韩国以及欧美等地区的图书馆。

如何与这些藏书机构展开合作？郑杰文说，由于与境外藏书、出版单位合作出版古籍未有先例，《子海》项目组的专家们只能"摸着石头过河"。

台湾是项目组谋求合作的首站。经过不懈努力，郑杰文与相关图书馆、博物院等藏书机构及台湾商务印书馆等出版单位达成了合作协议。

郑杰文亲赴台湾调查和复制古籍底本。"在台湾寻书的日子里，我们常常在图书馆一待就是一整天。"郑杰文说，那真是一段难忘的时光，当时正值冬季，台北整日阴雨绵绵，项目组成员的皮鞋被台北的雨水浸坏了。因为要用相机为古籍拍照，几个月下来，大家的胳膊都累得抬不起来。

经过努力，2013年11月，《子海》项目首批重大成果发布，出版了《子海珍本编》（第一辑），影印重要子部古籍543种。

基于《子海》项目的成功经验，山东大学又提出了"全球汉籍合璧"

的设想，对古籍的调查研究由子部扩大到经、史、子、集四部。

2017年，"全球汉籍合璧工程"正式启动，第二年作为国家重点文化工程列入"中华古籍保护计划"，有200多个学术团队近千位专家学者参与其中。

作为"全球汉籍合璧工程"的首席专家，郑杰文主要负责工程的总体规划与组织实施，主持制定工作规章制度和原则，统筹协调各团队的工作。"'合璧'一词是比喻性用法，意思是将分藏于两处及以上、彼此都残缺的中华古籍，通过各类方式予以复制，然后合在一起。"郑杰文说，他和团队的心愿是将境内缺藏的古籍搜罗出来，以裨补中华文化完整性，呈现中华文化的深厚底蕴。

古籍是中华文明的主要物质载体

古籍整理是文化传承的基础性工作

记　者　古籍对于中华文明的有序传承起到了什么作用？

郑杰文　古籍是中华文明的主要物质载体，中华文脉之所以能够生生不息、绵延不绝，正是因为有古籍文献的不断赓续传承。

　　浩如烟海的古籍是先人留给我们的珍贵文化遗产，里面不仅保存着中华民族数千年来的集体记忆、思想智慧和知识体系，更是我们今天坚定文化自信的重要源泉。

记　者　"全球汉籍合璧工程"对推进文化强国建设有什么意义？

郑杰文　要弘扬中华优秀传统文化、建设文化强国，整理、诠释与借鉴中华古籍中的思想成果是一个重要的途径，而古籍整理则是基础性工作。习近平总书记在考察中国国家版本馆中央总馆时指出："中华民族的一些典籍在岁月侵蚀中已经失去了不少，留下来的这些瑰宝一定要千方百计呵护好、珍惜好，把我们这个世界上唯一没有中断的文明继续传承下去。"

　　"全球汉籍合璧工程"正是贯彻落实习近平总书记重要讲话精神，对国内古籍调查编目工作的裨补和延续，赓续"盛世修文"文化传统的当代实践。千百年来，中华古籍流散境外的数量相当庞大。2007年，我国正式启动全国古籍普查工作，至2021年普查工作基本完成。而"全球汉籍合璧工程"旨在调研境外所藏中华古籍的全部情况，与境内所藏形成"合璧"，摸清文化家底，形成完整"拼图"。"全球汉籍合璧工程"联合国内外科研机构和学术力量，实现境外中华古籍的再生性回归。工程完成后，对内可增强文化自信，传承和弘扬中华优秀传统文化；对外则可展示中华文化的独特魅力，为重塑世界文化格局、引领世界文化走向、重构世界新文化系统贡献中国力量。

全球255个专业团队900余人参与

记　者　请您介绍一下"全球汉籍合璧工程"的主要工作内容。

郑杰文　2010年起，山东大学正式实施国家社科基金重大委托项目"《子海》整理与研究"，对境内外现存子部古籍开展系统整理研究，取得了丰硕成果，引起海内外广泛关注。为响应学界倡议，山东大学又提出"全球汉籍合璧工程"设想，将中华古籍调查、整理、研究的范围，由子部扩大到经、史、子、集四部，由东亚扩展至全球。2018年11月，《"全球汉籍合璧工程"实施方案》启动，正式将"全球汉籍合璧工程"作为国家重点文化工程列入"中华古籍保护计划"。

"全球汉籍合璧工程"的目标任务包含编目复制、整理研究和数据库建设三方面。编目复制是基础，对境外中华古籍主要存藏机构的存藏情况进行系统调查摸底，以目验为基础编纂境外中华古籍版本目录。比对中国境内缺藏的珍稀古籍，选择其中文献价值和艺术价值较高的中华古籍影印出版。在编目复制的基础上，开展整理研究，进一步精选学术价值高、内容完整、学界亟须的古籍，通过标点、校勘等形式开展整理工作，同时对境外中华古籍的存藏、流布及影响开展学术研究。

基于编目复制和整理研究的相关成果，"全球汉籍合璧工程"将建设面向社会公众开放的数据库系统，使得工程成果更好地服务社会，助力中华民族现代文明建设。

记　者　"全球汉籍合璧工程"工作量庞大，团队是如何构成的？

郑杰文　截至目前，项目已在海内外组建起255个专业团队，有900余人参与其中。合璧工程主要包括以下几个团队：

调查编目团队，主要负责境外中华古籍调查编目工作，联系境外藏书机构开展调查编目合作，逐步形成分馆"境外存藏中华古文献目录"，或区域性联合目录，出版《汉籍合璧·目录编》等。

复制回归团队，主要负责境外中华古籍复制回归工作，负责境外汉籍的比对遴选，与境外编目复制工作点、外派编目人员及山东省社科规划办合璧工程专项编目复制类项目课题组联系落实中国境内缺藏汉籍品种或版本的复制工作，组织书志撰写与英文翻译工作，出版《汉籍合璧·珍本编》。

精华点校整理团队，主要负责汉籍点校整理工作。协调精华编团队与合璧工程其他学术团队有关工作；负责为整理者提供学术辅导；负责联络稿件整理者并对稿件进行审核。

汉籍与汉学研究团队，主要负责《全球汉籍合璧工程研究编》学术标准和相关规章的制定与修改；负责与境外汉籍有关的汉学研究工作的学术规划与组织实施；协调和督促研究编子课题按照合同书的约定推进相关研究工作，协助工程实施办公室完成子课题成果的审查和鉴定；与国内外汉籍与汉学研究专家保持沟通和联系。

数据库建设团队，主要负责汉籍合璧数据库工作的建设规划与组织实施，开展"全球汉籍合璧工程"数据库建设。

对近2000个藏书机构进行了摸底调查

记　者　在全球寻找汉籍过程中，都遇到了哪些困难？

郑杰文　境外寻书的困难非常多。举一个最简单的例子，一些境外藏书机构对日均借阅数量有限制，团队成员经常一天往来奔波几个小时、多次换乘公共交通工具，才能看到四五种古籍。

团队成员要对境外每一部中华古籍进行信息录入，再与境内古籍逐一对比，并编纂版本目录。这个目录会对古籍特征进行详细描述和记录，比如说行款、字体、边框、用纸等都要写进去，等于给它们"上户口"。

通过初核、复核、初选、复选等程序，最终才能确认一部古籍是否具备复制回归的价值。可以说，这是一个从海量书丛中发现"遗珠"的过程。

古籍复制回归后，还要经过专业、精细的校对，才能成为可信可靠的学术研究资料。团队采取五轮审校机制，最大限度消除可能存在的差错。

还有就是要与时间赛跑。现存的一些境外中华古籍，版本上限可达宋元时期，已经临近古籍寿命的极限，如果不能及时找到并复制回来，它们可能就永久地消失了，这对中华文化来说是不可估量的损失。

记　者　目前对于中华古籍的分布，掌握到了什么水平？

郑杰文　从目前掌握的情况看，香港特别行政区、澳门特别行政区和台湾地区所藏中华古籍较多。中国以外，日本所藏中华古籍数量多、价值高，韩国、越南、俄罗斯、美国、英国、法国、德国等国家所藏中华古籍数量也颇为可观。

　　目前"全球汉籍合璧工程"已对五大洲至少98个国家和地区的近2000个藏书机构进行了摸底调查，基本掌握了境外汉籍存藏情况，数量约为187.5万部。目前，正在开展554家藏书机构的汉籍版本目录编纂工作，已完成36万部汉籍的鉴定编目。

郑杰文（左）到美国普林斯顿大学寻访中华古籍

已发现1900多种中国境内缺藏古籍

记　者　目前找到了哪些特殊版本的中华古籍？

郑杰文　目前已发现1900多种中国境内缺藏的珍稀古籍，已复制回归1600种，其中确定出版的有1092种。

　　比如说《铁冶志》，是俄罗斯圣彼得堡国立大学所藏汉籍中的一部。这本书国内研究科技史的学者找了五六十年都没找到，是"全球汉籍合璧工程"团队在圣彼得堡大学发现的。该书的价值首先体现在它全面反映了16世纪中国的冶铁技术；其次，书的作者是明代正德年间工部郎中傅浚，但该书从未出版，仅以抄本形式存在，可谓是传世孤本；最后，根据卷首的印章，此书曾属于大藏书家、曹雪芹的祖父曹寅。鉴于这本书的重要价值，2019年圣彼得堡大学将《铁冶志》复制本赠送给到访的习近平总书记。这对"全球汉籍合璧工程"是极大的鼓舞。

　　还有在日本藏书机构发现的《中山表文》，是琉球使节出使中国请求册封时撰写的奏表体式，体现了朝贡关系及琉球中山王对大中华的认同。

　　再比如，俄罗斯藏宋代刻本《淮南鸿烈解》、英国所藏记录英法联军火烧圆明园的《福次咸诗草》稿本等，这些古籍的回归都将为研究者提供更加完整的学术资料。

记　者　在推进"全球汉籍合璧工程"过程中，已产生了哪些学术成果？

郑杰文　首先"全球汉籍合璧工程"已调查了大部分境外藏书机构，初步了解了境外中华古籍的存藏情况。其次，以目验为基础完成了部分境外汉籍的版本目录编纂工作，出版了《法国国家图书馆中文古籍目录》《美国爱荷华大学图书馆中文古籍目录》《新加坡国立大学图书馆中文古籍目录》《美国明尼苏达大学图书馆中文古籍目录》等一系列中华古籍版本目录。比对遴选中国境内缺藏的品种和版本，出版了《欧洲地区所藏中国珍稀文献丛刊》《日本藏中国珍稀文献》等。

　　我们又对部分具有重要学术价值的境外汉籍进行了高仿影印,如前面提到的俄藏《铁冶志》和日藏《中山表文》。还精选境内缺藏的学术价值高的境外汉籍品种或重要版本,通过标点、校勘、集注、汇释等形式开展整理工作,出版《汉籍合璧精华编》(十种),且入选2023年度全国古籍出版社百佳图书。

　　我们每年定期出版《汉籍与汉学》,多次获得华东地区优秀哲学社会科学图书奖等。不定期出版《汉籍知新》,及时将新发现的境内缺藏的中国古代文献资料引入当代学术研究的视野。

向世界展示中华文明的深厚积淀

记　者　我们该如何"唤醒"沉睡的古籍,挖掘古籍的时代价值?

郑杰文　"全球汉籍合璧工程"将在调查发掘境外中华古籍的基础上,对其流布及影响开展更为系统的研究,确保成果质量,打造传世精品。真正把"全球汉籍合璧工程"打造成为助力文化强国、民族复兴的标志性工程,更有效地推动中华优秀传统文化创造性转化、创新性发展,更有力地推进中国特色社会主义文化建设,建设中华民族现代文明。

　　为了让古籍真貌永存,我们依靠数字化手段,建立古籍数据库。目前,已与全球20余所图书馆或藏书机构签订合作协议,正在建立的全球汉籍目录数据库第一期录入书目30万余种,另有全球汉籍图像数据库、全球汉学研究论著数据库也将同期推出。

记　者　应该如何依托"全球汉籍合璧工程",为世界汉学研究提供支撑?

郑杰文　"全球汉籍合璧工程"不仅是对境外中华古籍的调查登记,更是基于文明交流互鉴视角对中华古籍流布的全过程综合把握。中华古籍对东亚文明乃至世界文明的构建发展起着至关重要的作用。

中华古籍在世界范围内的流布，是域外文明对中华优秀传统文化自主和积极的选择，是多元文化视角下人文交流互鉴的直接体现。

"全球汉籍合璧工程"强调世界眼光和中国关怀，既向世界展示中华文明的深厚积淀，促进国际汉学研究的创新性发展，也可从域外文明对中华文化的自主选择中发掘世界文明的共通性，促进世界多元文化的交汇繁荣，增强我国文化软实力和中华文化的国际影响力。

（王国平）

文化传承发展
百人谈

54

提 要

● 保护文化遗产，本质是文化的传承和弘扬，保护工作要让群众有获得感

● 文物或者文化遗产保护，不仅仅是保护文物本体，更重要的是保护文化的延续性，这是最核心的内容

● 申遗的过程，其实就是不断发掘遗产价值、深化对价值认识的过程

● 对于中国的文化遗产来说，通过世界遗产的平台表达中华文明的历史文化价值，反映中华民族的精神追求，讲好古代中国和现代中国的故事非常重要

吕舟　中国文物学会副会长、清华大学国家遗产中心主任

吕舟，清华大学国家遗产中心主任、建筑学院教授、博士生导师，中国文物学会副会长，中国建筑学会建筑史学分会理事长，曾主持了多个文化遗产项目的保护规划，并作为文化遗产专家参与或负责了五台山、鼓浪屿、"北京中轴线"等项目的申遗。在"5·12"汶川特大地震之后文物修复工作中，吕舟负责的都江堰二王庙、伏龙观修复规划及修复设计项目，获得国家文物局优秀文物保护工程特别奖和联合国教科文组织亚太地区文化遗产保护奖。

世界遗产要讲好文化多样性的故事

2024年7月，联合国教科文组织第46届世界遗产大会上，"北京中轴线——中国理想都城秩序的杰作"（以下简称"北京中轴线"）项目成功列入《世界遗产名录》。至此，我国世界遗产总数达到59项，保持领先优势。

"北京中轴线"申遗项目中，清华大学国家遗产中心主任、教授吕舟带领团队承担了申遗核心内容之一——申遗文本的编制，给世界遗产的评委们生动阐释了"北京中轴线"背后中华文明中正和合、家国一体等价值理念，以及中华文明的连续性、创新性、统一性、包容性、和平性等特质，成为项目成功申遗的基础。

保护文化遗产真正的意义是什么？中国在世界遗产申报中应该注意哪些问题？吕舟教授在接受四川日报全媒体"文化传承发展百人谈"大型人文融媒报道记者专访时表示，保护文化遗产，本质是文化的传承和弘扬，保护工作要让群众有获得感。在世界遗产的申报中，一定要讲好中国故事。

◆ 保护文物的核心是保护文化延续性

清华大学，主楼端庄大气，清华园工字厅庭院深深、古香古色，不时有游客在著名的"清华园"牌匾前合影留念。1978年，吕舟考入这所中国顶尖高等学府，并进入了有名的建筑系。

"那个年代，学习更多的专业知识，能为国家多做贡献是大家关注的问题。"在学习了4年建筑设计之后，吕舟在大学最后一年选择了建筑历史的专业方向，希望自己在建筑设计之外，还能够充分理解建筑背后的历史和文化。这个选择，为他后来从事文化遗产保护奠定了基础。

清华大学建筑系，由著名建筑学家梁思成创建。从他开始，建筑系一直延续了一个传统：理论之外还要有实践。毕业后留校当老师的吕舟，经常带着学生到各地测绘古建。其中包括了20世纪80年代还属于四川的云阳县张飞庙。从北京坐绿皮火车到重庆，再船行一夜到云阳，师生们出色完成了张飞庙的测绘。几年后，三峡水电站项目启动，库区文物保护成为重要工作之一。哪些文物需要搬迁？搬向哪里？所需费用多少？考虑到吕舟恰好测绘过张飞庙，他便再次被安排前往云阳，负责张飞庙的整体搬迁设计，以此给整个库区文物搬迁"采样"。

正是此次项目，让吕舟对文化遗产的保护对象、文物的价值等有了深刻认识。

张飞庙，一座矗立于长江南岸峭壁之上纪念三国名将张飞的庙宇，与云阳县城隔江相望。现存建筑为清末同治年间冲毁庙宇后重建，建造时间只有一百多年。从文物价值看，尽管张飞庙的建筑并不具有悠久的历史，但却是三峡沿线著名的地标，是三峡三国文化重要的一环。张飞庙搬迁最简单的方法，是将张飞庙顺着背后的山势后靠抬升，在更高处复建即可。但吕舟发现张飞庙在当地百姓中拥有极高地位，"他们把张飞当成云阳最重要的神来供奉，不管是考试、做生意还是求平安都要拜张飞。甚至当地人火爆的性格，也被认为和张飞相似。事实上张飞庙和当地百姓之间存在着文化和社会生活上的深刻联系，上千年来一直影响着人们的生活。"吕舟提出了将张飞庙与云阳县城一起搬迁至距原址32公里处的方案。在吕舟看来，如果云阳县城搬走，张飞庙却还留在已无人烟的原址，那这座庙宇未来只会变成长江岸边无人拜谒的荒庙，断了和云阳百姓之间的情感联系，它原来的文化和社会价值将消失殆尽，"这是我们搞文物保护的人无法接受的。"

事实证明，张飞庙整体搬迁至新县城对岸是正确的选择。云阳百姓对张飞的情感和推崇在当地得以延续，张飞庙仍然是长江航道上踏访三国文化的重要史迹。

"所以，文物或者文化遗产保护，不仅仅是保护文物本体，更重要的是保护文化的延续性，这是最核心的内容。"吕舟表示。

◆ **让群众在文化遗产保护中有获得感**

云阳张飞庙整体搬迁，在20多年前很好地回答了文物保护"保什么"的问题，也让吕舟在此后投身遗产保护时不断思考文物保护的诸多新理念。2010年《中国文物古迹保护准则》开始修订，作为起草专家的吕舟强烈建议在文物的历史、艺术、科学等三大价值之外，加上社会价值和文化价值。"我们应该永远秉承一种开放的态度来对待遗产保护。或许随着时代的发展，未来人们还能不断从更多的角度理解文化遗产的价值。"

在数十年的文化遗产保护实践中，吕舟参与了西藏布达拉宫雪城、山西晋祠、北京大学燕园、山西五台山佛光寺、上海江南造船厂等重大项目的保护规划和修缮工程，在文化遗产保护领域留下了耀眼"战绩"。

清华园工字厅是清华大学重要的古典建筑。2001年清华大学90周年校庆，吕舟主持了学校历史最为悠久的工字厅古建筑群的修缮保护。母校的这片建筑，让他倾注了无限热忱。由于很好地处理了文物保护和使用功能的关系，该项目获得了联合国教科文组织亚太地区文化遗产保护提名奖。评委认为，工字厅项目清楚地反映了相关的保护策略、研究和最小干预的保护理念，让建筑群和周围环境得到了完好保护，工字厅的历史面貌和重要的文化价值得到了完好体现。

在四川，很多文物保护项目都有吕舟的身影。尤其"5·12"汶川特大地震之后，他负责了都江堰二王庙、伏龙观，平武报恩寺，安岳石窟，成都武侯祠、杜甫草堂等6个项目的修复规划设计。当年震后，吕舟团队在5月24日就抵达四川，是地震后较早进入四川灾区的文化遗产保护设计队伍之一。

二王庙和伏龙观是青城山–都江堰世界文化遗产的重要组成部分。地震时，二王庙由于山体滑坡，损毁严重。在保护中需要严格遵循文物保护的严苛准则，尽可能保存原有的材料。施工过程中，工程人员把原有建筑所有破损的构件尽可能筛出来修复使用，以尽量保持古建筑的原材料和特征。但在吕舟看来，二王庙和伏龙观的重建不能只满足修好古建，也要让文物重建贡献于社会重建，"也就是文物维修能否给当地社会重建鼓舞士气，带给群众相信未来日子会更好的信念？"

他们选择了半开放修复工程。人们可以在划定区域参观修复工作、了解修复进度。二王庙的抢救修复工程成为四川震后重建信心的代表性项

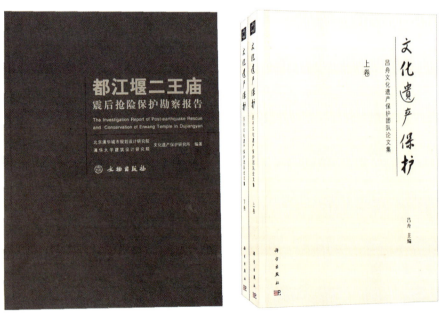

吕舟出版的著作

目。随着古色古香的二王庙、伏龙观重现往日风采，两个项目分别获得了国家文物局的优秀文物保护工程特别奖以及联合国教科文组织亚太地区文化遗产保护奖。

这种让群众在文化遗产保护中有参与感和获得感的理念，此后一直影响着吕舟的实践。在"北京中轴线"申遗过程中，项目团队尤其重视群众参与。北京中轴线文化遗产传承与创新大赛发动了几十万人参加。申遗团队把以遗产保护为初衷的项目，变成了文化传播的过程，形成了强大的社会凝聚力。吕舟认为："这远远超过了文物保护本身的效益，是今天文化遗产保护应该发挥的作用。"

◆ 让世界遗产为可持续发展注入力量

在吕舟的职业生涯中，他的很多工作都和世界遗产联系在一起。

我国早在1985年就加入了《世界遗产公约》，1986年开始申报。但真正迎来发展是在2000年以后，其间有两个事件起了巨大推动作用。一是2004年第28届世界遗产大会在苏州召开，吸引了中国社会对世界遗产的关注；另一个则是国家文物局和无锡市从2006年起连续8年举办了中国文化遗产保护无锡论坛。正是在这个论坛上，大家关注到了文化景观、文化线路、工业遗产、大运河等新的遗产类型，以及世界遗产和可持续发展、文化遗产保护的法律建设等问题，对后来中国申报世界遗产产生了巨大影响。

在2004年苏州的世界遗产大会上，吕舟担任了大会主席的文化遗产顾问，并连续参与无锡论坛，对世界遗产开始了深度关注。2002年以后，中国申报世界遗产的文化遗产类项目的评审和论证，吕舟全部参与其中，并且亲自负责了五台山、鼓浪屿、"北京中轴线"等多个项目的申报工作。

五台山拥有无与伦比的古建景观，被梁思成赞为"最珍贵的国宝"的唐代古建佛光寺就在这里。2007年，吕舟带领团队参与了五台山的世界文化遗产申报工作，提炼出五台山作为佛教圣地在世界上独一无二的价值，获得世界遗产委员会的认同，助推五台山列入《世界遗产名录》。2009年，吕舟和团队再次投入鼓浪屿历史国际社区申报世界遗产的工作。彼时，联合国教科文组织面临着一个巨大挑战——世界上不同国家和地区之间文明的冲突。鼓浪屿项目在申遗文本中深刻阐释了这座小岛中西合璧的建筑背后文化的包容开放、文化交流的意义以及中华文明的和平性，切中了当时世界关注的核心问题。鼓浪屿申遗成功后，时任联合国教科文组织总干事博科娃曾和吕舟深度探讨了鼓浪屿的价值。她说："鼓浪屿这么小的一个岛，价值在哪儿？它教会了我们不同的文化可以相互尊重、和平共处、相互融合。这也是今天的一堂世界公民课。"

最近几年，吕舟将精力重点投入在"北京中轴线"申遗中。多年的努力在2024年7月结出硕果。"北京中轴线"不仅成功地向世界讲述了其所承载的中华文明的悠久历史和独特观念，各种配套活动和宣传也让文化遗产与社区、与公众更紧密地联系在一起。它告诉人们：世界遗产应当成为人们社会生活的一部分，为今天的可持续发展注入力量。

如今的吕舟，已经带领团队再次起航。下一站，助力千年瓷都景德镇申报世界文化遗产，让世界重新认识景德镇。

世界遗产体系的作用是让不同文明之间平等对话

"北京中轴线"是中国古代理想都城的体现

记　者　"北京中轴线"包括了故宫、天坛等以前的世界遗产，为何会选择重新"打包"，以"中轴线"名义申遗？

吕　舟　"北京中轴线"是一个由15组建筑群、遗址、城市空间构成，全长7.8公里，南北贯穿北京老城，并始终决定整个北京老城城市格局的具有整体性的城市核心空间。"北京中轴线"包括了古代皇家宫苑建筑、古代皇家祭祀建筑、古代城市管理设施、国家礼仪和公共建筑、居中道路遗存等5种不同类型的历史遗存。

如果我们从空中俯瞰，可以看到中轴线的最北边是钟鼓楼，向南一直延伸到永定门，中间包括了万宁桥、景山、故宫、端门、天安门、外金水桥、天安门广场及建筑群、太庙、社稷坛、正阳门、天坛、先农坛以及中轴线南段道路遗存等。其中故宫和天坛分别在1987年和1998年列入《世界遗产名录》，但各自的世界遗产价值与"北京中轴线"的整体价值完全不同。故宫强调的是它是中国古代宫廷建筑之精华，是世界上现存规模最大、保存最为完整的木质结构古建筑之一；天坛的重点是世界现存规模最大的古代祭天建筑群。但是在"北京中轴线"中，它们只是不可或缺的组成部分。"北京中轴线"整体体现了中华文明对秩序和构建和谐社会的追求，始终决定着北京作为国家首都的城市形态、承载着国家礼仪制度，而故宫和天坛则是这种秩序形态和礼仪制度的核心载体，与其他构成要素一起讲述了一个具有完整性和系统性的中华文明的宏大故事。

事实上，在世界遗产申报中，并不乏将已经是世界遗产的项目作为另一个世界遗产组成部分重新申报的案例。

记　者　"北京中轴线"讲述了一个怎样的宏大故事？

吕　舟　中国人的传统是"以中为尊"，这种观念几千年来也持续影响着中国的城市规划。

据春秋时期的《周礼·考工记》记载，周朝都城制度核心建筑群的功能分布为"面朝后市，左祖右社"，也就是都城中心靠前的位置是朝廷，后面是市场等老百姓生活的地方；左边是祭祀祖先的宗庙；祭祀山川社稷的地方则位于城市右边。这个源于周代的都城制度在汉代成为儒家推崇的国家制度的组成部分。13世纪忽必烈规划元大都时，直接沿用了这套制度，构建了都城的中心建筑群，并以这一建筑群统领了整个都城的城市形态。之后明清时期的北京城依然沿用了这个制度并且对其进行了发展与完善。

我们可以看到，象征秩序核心的紫禁城（故宫）位于北京中心，反映出中国古代都城"择中立宫"的规划理念。相对于朝堂区域处于北部的钟鼓楼市肆区域，反映的正是《考工记》里"面朝后市"的理想都城规划范式。社稷坛与太庙以"北京中轴线"严整对称的格局，则反映了"左祖右社"思想。社稷坛是古代皇家祭祀社稷的祭坛，旨在祈求国家政权与疆土永固；太庙则是皇家祖先祭祀之处。天坛、先农坛永乐时位于北京南郊（当时为天地坛和山川坛），东西对称布局，成为展现中国古代有"南郊祭天"传统的实物例证。随着嘉靖时北京外城的加筑，建于南郊祭祀大道南端的永定门建成，"北京中轴线"扩展至今天的规模，天坛、先农坛则成为"北京中轴线"在外城中对称格局最重要的部分。

其实左右对称的审美和规划在"北京中轴线"上无处不在。比如正阳门左右的城门分别是崇文门和宣武门；故宫里有文华殿、武英殿对应；南城永定门两侧则是左安门、右安门……这种两两对应的布局，体现的是中国传统都城规划对礼仪的尊重与强调。

"北京中轴线"成功申遗展示了中华文明的独特魅力

记　者　世界上不同国家的城市有不同的中轴线，为何"北京中轴线"能够申遗？

吕　舟　"北京中轴线"能够成功列入《世界遗产名录》，也是基于比较研究，充分证明了它所具有的独特性。

　　"北京中轴线"体现的"面朝后市，左祖右社"的都城营建思想诞生于3000年前，"北京中轴线"是这一布局形态最完整的呈现，是中国传统都城形态成熟期的杰出范例。

　　"北京中轴线"自身也是一个不断完善的过程。例如，在明代完成"北京中轴线"的基本形态之后，在清代乾隆皇帝先后营建、迁建了景山寿皇殿、山顶的五座亭子以及景山南麓的绮望楼，他还曾下令在北京天桥南侧对称立碑、建碑亭、修水池等，使"北京中轴线"的城市景观形态更为严整、宏大。

　　新中国成立以后，天安门广场建筑群的建设同样延续着这一理念——把最重要的国家纪念性建筑人民英雄纪念碑、毛主席纪念堂建在中轴线上，中国国家博物馆与人民大会堂分别对应太庙和社稷坛的位置，对称布局在天安门广场的东西两侧。从功能上看，人民大会堂是人民当家作主决定国家事务的地方，与社稷坛形成对应；中国国家博物馆展现的是中华文明，呈现的是先辈的伟大业绩，与太庙相对应。事实上这种东方文明的城市规划思想，或者说以"北京中轴线"为代表的中华文明的规划思想，在《世界遗产名录》中一直没有得到充分表达，所以"北京中轴线"是一个填补空白的项目。

记　者　那在申遗过程中，我们怎么把这种价值以评委能够听懂的方式讲
　　　　清楚？

吕　舟　申遗的过程，其实就是不断发掘遗产价值、深化对价值认识的过
　　　　程。十几年前一位长期从事世界遗产评审的国际古迹遗址理事会
　　　　专家在听到我介绍"北京中轴线"时，也问到世界上有很多轴线
类的规划，"北京中轴线"的独特性在哪里？我就给她讲了中轴线背后的
规划思想，讲了中国古人通过这种营建方式构建城市、人乃至国家秩序的
实践。这次申遗成功以后，这位专家再次和我谈起当时她的感受，并为
"北京中轴线"申遗成功感到高兴。

　　当然，这个理念还要用评委们能够理解的方式来讲述。比如我们提到
《周礼·考工记》对中国古代都城营建制度的记载，就有专家问这是一本
什么书？它在中国城市规划史中的地位如何？所以就需要我们把整本书或
者至少描写城市制度的这一部分完整翻译出来，并且与西方城市建筑文献
如古罗马维特鲁威的《建筑十书》作对比。这些工作帮助了那些不同文化
背景的专家理解"北京中轴线"的价值。

记　者　讲好文化多样性是申遗很重要的因素吗？

吕　舟　一直都是最关键的因素。对于中国的文化遗产来说，通过世界遗
　　　　产的平台表达中华文明的历史文化价值、反映中华民族的精神追
　　　　求、讲好古代中国和现代中国的故事非常重要，这也是中国申报
世界遗产未来需要关注的方面。"北京中轴线"申遗成功其实有一个启
示——通过世界遗产展现的不仅是遗产的壮美物质形态，更重要的是表达
遗产背后的思想和价值观。而世界遗产体系则为不同文明之间平等对话提
供了重要平台。

发展旅游经济不是世界遗产申报的目的

记　者　现在中国已经拥有59处世界遗产，申遗对中国遗产保护有何推动
　　　　作用？

吕　舟　1972年，联合国教科文组织制定世界遗产公约的初衷就是为了保
　　　　护世界各地的遗产。当时有一个大的背景：全球尤其是欧洲进入
　　　　经济发展的高峰，文化和自然遗产保护面临严峻挑战，很多国家
不关注或者也没有力量保护遗产。联合国教科文组织制定世界遗产公约，
是希望世界各国一起合作保护这些遗产。1976年，世界遗产委员会建立了
《世界遗产名录》，入选遗产名录需要符合世界遗产的价值标准，具有真
实性和完整性，并要有良好的保护状况。列入《世界遗产名录》对提高遗
产的保护水平有巨大的促进作用，国际的相关保护经验开始被介绍到中
国，提高了中国文化遗产的保护水平。近年来，世界遗产把社区对话、可
持续发展的贡献作为评审很重要的方面。遗产项目在保护中有没有牺牲民
众利益，人民生活有没有因为遗产申报产生获得感？越来越多的项目在申
报中考虑到了民众的利益。

记　者　不可否认的是，很多地方有申遗冲动是为了发展旅游。如何看待
　　　　部分世界遗产门票越来越贵的现象？

吕　舟　发展旅游经济不是世界遗产申报的目的，但旅游又是传播遗产价
　　　　值的手段和方式，所以地方政府发展旅游应该把遗产价值的传播
　　　　放在核心的位置。此外，作为一个城市的管理者，必须考虑世界
遗产未来怎么造福老百姓。事实上像杭州西湖，列入世界遗产后取消了门
票，改善了人们的旅游体验，为城市带来了源源不断的游客；"北京中轴
线"评上世界文化遗产也没有改变原有收费景点的票价体系，大部分区域
的门票很便宜，就是希望民众在申遗中能有更多获得感，进而自发地参与
到保护遗产、传播遗产的队伍中。

记　者　四川的三星堆-金沙、蜀道、宋元山城遗址、中国白酒老作坊等很多遗产项目已纳入中国世界文化遗产预备名单，你对它们未来的申遗有何建议？

吕　舟　这几个项目我都熟悉，很多也曾经直接参与过。我们必须要注意的是，世界遗产要求价值的阐释必须落到作为遗产的不可移动的物质载体上。比如三星堆，价值需要通过遗址来表达，要形成整体性和系统性的价值表述，要体现出遗产对中华文明的贡献。解决这个问题需要深入、系统的研究。当然，成都金沙遗址和三星堆的关系到底是什么？怎样清晰表述这两者之间的系统性？也需要在申遗过程中不断去深化。

中国白酒老作坊也是很不错的项目。需要注意的是这些作坊遗址分布在四川多地以及其他省市，点位分散。怎样梳理出这些遗产点位之间的关联以及它们共同反映的普遍价值，还需要根据世界遗产的新要求进行再提炼。

蜀道是非常有竞争力的项目。我认为，蜀道的核心价值还是需要讲好它所见证的中华文明多元一体以及统一性、包容性、和平性等突出特性。确定申报的保护管理体系和方法路径，也是申报工作要解决的问题。

宋元山城遗址，同样需要清晰地构建其核心价值和表达方式。要注意国际语境下，如何讲好遗产与历史之间的关系。

（吴晓铃）

提 要

- 作为世界上使用人口最多的语言，汉语不仅承载着中华文化深厚的历史积淀和丰富的文化内涵，也为中华文化的创新发展，特别是与其他语言在交流融合中多元发展，提供着源源不断的动力

- 我们要从根本上反思印欧语的语法体系运用到汉语上存在的问题，这样才能够真正揭示出汉语的组织运行之法

- 我们要构建一个贴近汉语实际的语法体系，同时这个体系对我们研究整个人类的语言本性也具有普遍意义

- 新时代我们研究语言学的任务，就是要用现代语言学的眼光，包括我们已经了解吸收的国外语言学理论中的一些好的、先进的东西，来对中国传统中有价值的观点，重新加以阐发

沈家煊

中国社会科学院学部委员、
著名语言学家

人物简介

　　沈家煊，1946年3月生于上海，祖籍浙江吴兴，著名语言学家，中国社会科学院学部委员。曾任中国社会科学院语言研究所所长、中国语言学会会长、国际中国语言学学会会长。主要从事理论语言学、英汉比较等方向的研究，代表专著有《不对称和标记论》《名词和动词》《超越主谓结构》等。

寻找汉语之于世界的意义

今天你说话了吗？说了多少话？说错话了吗？这些听上去有点无厘头的问题，可能是某位语言学家正在研究的课题。而"无厘头"这个词，可能又被另一位语言学家纳入了研究词库……

语言，是我们每天都会用到的交流工具，也是文化传承发展的重要载体和内容。作为世界上使用人口最多的语言，汉语不仅承载着中华文化深厚的历史积淀和丰富的文化内涵，也为中华文化的创新发展，特别是与其他语言在交流融合中多元发展，提供着源源不断的动力。

日前，四川日报全媒体"文化传承发展百人谈"大型人文融媒报道记者专访中国社会科学院学部委员、著名语言学家沈家煊，听他讲述汉语语言研究的故事，探讨汉语之于世界的意义。

◆ 一次抉择

拥抱科学春天　继承大师学风

多年以后，回想起选择语言学研究这条道路，沈家煊说，那或许是中国人习惯讲的因缘际遇。

沈家煊1946年出生在上海，中学阶段，他对外语产生了浓厚兴趣，很欣赏英语口音那种跟汉语不一样的节奏之美。高中毕业，他报考了当时的北京广播学院，学习英语播音专业。"当时的上海人一般不愿意离开上海的。"沈家煊却不太一样，他比较向往北京那种古都的风貌和氛围。那年全上海有500多人报考北京广播学院，最终录取了13人，他是其中之一。喜欢上外语，北上北京，是因缘的开始。

大学毕业后，成绩优异的沈家煊被分配到当时的北京长途电信局，从报务员开始干起。因为英语出色，他开始做一些技术上的翻译工作，后来跟随我国电信代表团出访，尝试在国际电信联盟的研讨会上做同声翻译。做翻译服务工作时，沈家煊接触到国内外许多电信领域的科学家，交流之间，他对这些科学家的崇敬之心油然而生。

1978年春天，全国科学大会在北京召开。时任中国科学院院长的郭沫若作了一篇题为《科学的春天》的发言，鼓舞了一大批有志青年投身科学事业，沈家煊也是其中之一。

一年之后，沈家煊做出了人生中最重要的一次抉择，放弃翻译工作，重回校园。当年，中国社会科学院语言研究所教授赵世开招收普通语言学方向的研究生，沈家煊最终以全院英语第一的高分考入中国社会科学院研究生院语言系。能从事语言学研究，沈家煊一直认为自己很幸运，因为他入门之初，接触了不少国内德高望重的先生大师，"能够受到他们的熏陶，领略他们的风采，继承他们的学风。"

其中，对沈家煊影响最深的，是著名语言学家、语文教育家吕叔湘先生。沈家煊发表的第一篇研究性的论文，就是在吕叔湘先生手把手指导下完成的。因为对英语比较熟悉，沈家煊想要尝试做英汉对比的研究，把这个想法告诉吕叔湘先生后，得到先生的肯定和支持。吕叔湘先生甚至在纸上把设想中的一篇论文的提纲都列了出来。"我只用根据提纲去收集材料，然后归纳分析。"沈家煊说，论文完成后，吕叔湘先生还为他写了推荐信，让文章得以在当时由著名语言学家许国璋先生主持的权威刊物《外语教学与研究》上顺利发表。另一件让沈家煊印象深刻的事情，同样与论文有关。在准备研究生毕业论文时，沈家煊再次向吕叔湘先生求教，先生建议他做一个国外汉语研究的索引。"我开始还有点不理解，心想做一个索引怎么能算是硕士毕业论文呢？"沈家煊再问，要不要选一个研究性的题目。结果先生听了很生气，反问："这怎么不叫做研究呢？这是谁说的？"语气颇为严厉。自觉错了的沈家煊不再多言，回来老老实实地完成了这个题目。回忆这些往事，沈家煊想表达的是，求真务实是语言研究所一以贯之的作风，"摆事实讲道理，反对空谈。"而这样一种作风，也一直影响着沈家煊的求学与研究之路。

◆ 两个阶段
从"拿来主义"到"捅破窗户纸"

2024年3月8日，中国社会科学院语言学重点实验室在北京举行了重点实验室启动会暨首届学术委员会第一次会议。作为首届学术委员会委员之一，沈家煊在会上作了发言。他发言的内容主要有两个方面，其中一个与他多年来的研究方向——汉语语法研究有关。回顾自己的研究生涯，沈家煊认为大概分为前后两个阶段。前一个阶段主要采取"拿来主义"策略，把他所学习了解到的国外先进的语言学研究理论和方法，引介到汉语研究中来。沈家煊认为，作为一个中国的语言学家，对西方的了解应该是全面的、综合的，对西方各种语言学理论和学派要有一个统观。

后一个阶段，则是在这个统观的基础上，摆脱印欧语的眼光及束缚来研究汉语的语法。说起汉语语法，只要是受过基础教育的人，一定都学过名词、动词、主谓宾这些概念。其实这些概念原本与汉语无关。汉语虽历经数千年演变发展，但一直没有专门的语法研究，直到1898年，清末学者、外交家马建忠借鉴印欧语的理论方法研究汉语，写出了中国第一部体系完整的语法书《马氏文通》。此后的一百多年，中国的语言学家都在这个框架体系下研究汉语语法。

但这样一套方法渐渐显现出问题，例如在汉语中，名词与动词的关系，主语与谓语的关系，相较印欧语系下的英语等，情况要复杂许多，是以印欧语框架为基础的语法体系所不能解释的。过去有不少语言学家都提出并开始研究这些问题，而自比"站在巨人肩膀上"的沈家煊最终"捅破了那层窗户纸"。2007年，沈家煊发表论文《汉语里的名词和动词》，论证汉语里的名词和动词不是分立关系而是名词包含动词的包含关系。在此后的整整10年里，沈家煊用近40篇文章，从汉语外语的对比、古今汉语的对比、汉语句法语义的表现、汉语的节奏和韵律、语言的认知基础、科学哲学的准则、汉语逻辑的特色等方面，充分论证了汉语名动包含模式，并最终以这批论文为基础，写出了奠定其语言学研究领域学术地位的著作《名词和动词》。2020年11月，《名词和动词》获得了外语研究领域的顶级奖项——许国璋外国语言研究奖一等奖，这是该奖项多年空缺后首次有人获得。而这还远不是终点，在解决了汉语名词和动词的关系后，沈家煊又写出了《超越主谓结构》，继续拓展其基于汉语特征的语法体系。

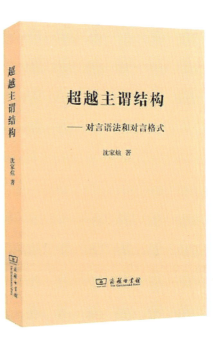

沈家煊出版的著作

"我把它称作'大语法'。"沈家煊说，未来的汉语语法研究，不仅要跳出过去印欧语系的框框，还要跳出汉语的范围，通过汉语看整个语言世界，"我们要构建一个贴近汉语实际的语法体系，同时这个体系对我们研究整个人类的语言本性也具有普遍意义。"

语言学是人文科学也是自然科学

语言学是一门既古老又现代的科学

记　者　首先还是请您科普一下，语言学是一门怎样的学问？

沈家煊　语言学研究的是语言的本质本性，研究什么是人类的语言。作为中国的语言学家，当然首先要研究汉语，研究它的现状和历史，也离不开研究汉字。

语言学是一门既古老又现代的科学，我们的祖先几千年来对语言的关注和研究从没有中断过，随着现代科技的发展，语言也在不断变化和发展。现在对语言的研究手段也越来越丰富了，通过实验来研究已经是很普遍的现象。

而且，语言学的一大特点是人文科学和自然科学相结合。它首先是有人文性的，比如你现在到北大中文系去学习语言学，都要学传统的文字学、音韵学、训诂学，研究各地的方言有什么区别和联系，汉语的演变历史等。在语言学家看来，语言学也是一门自然科学，我们很早就开始借助科技手段研究语言，例如机器翻译、语音合成、文语转换。我们和中国科学院声学研究所合作，跟科大讯飞合作，对汉语的语音做实验研究，把一段汉语文字转换成语音时，怎么让它听上去像是人在说话，而不是机器在说话，其中都有语言学的贡献。

中国传统语言学研究在清代发展到顶峰，被称作"小学"，包括文字学、音韵学、训诂学、修辞学等。但唯独没有语法学，语法学这门学问确实是舶来品。1898年，马建忠写了《马氏文通》，是中国第一部汉语语法书。

为什么要写这本书呢？当时甲午战败，一些先进的知识分子觉得，中国的落后可能也跟文化落后有关，其中包括语言学的研究。一看人家有语法学，我们怎么没有语法学？所以这才开始有了汉语语法的研究，这个研究的框架是从西方借来的，具体说是从印欧语学来的。

沈家煊出版的著作

套住汉语这个"大熊猫"需要一个更大的竹圈

记　者　印欧语的语法体系跟汉语的研究适配吗？

沈家煊　印欧语（Indo-European languages）是18世纪英国人威廉·琼斯提出的语言学概念，即认为印度和欧洲的大部分语言都是从"原始印欧语"分化出来的，这些语言彼此之间具有亲属关系和相似性。印欧语系包含了400多种语言，按照母语人口来排名，是世界上第一大语系，占世界人口的41.8%。100多年来，我们就是把印欧语的语法框架、语法体系套用到汉语上来研究的。这套体系讲得简单一点，就是主谓结构，主语谓语加上宾语、定语、状语。还有一套词类体系，就是名词、动词、形容词、副词等，基本上是这么一个框架。用这个框架来研究汉语也取得了很多成绩，因为人类的语言有很多基本规律是相通的。

　　但总的来说，从很多前辈开始就已经认识到问题所在，就像启功先生说的，好像小孩子的套圈游戏，用一个小竹圈，你只能套住一只小耗子，要套一只大熊猫就套不住了，拿印欧语这个框架来套汉语，就是这个情况。后来到20世纪80年代，吕叔湘先生也说，汉语的语法研究要"大破特破"，要把词、主语谓语这一套术语先暂且抛弃。也许以后还要把这套名称捡起来，但是这一抛一捡之后，我们对这些术语的理解就会跟以前大不相同。

　　我们要从根本上反思印欧语的语法体系运用到汉语上存在的问题，这样才能够真正揭示出汉语的组织运行之法。语法无非就是语言的组织运行之法，中国过去没有语法学，不等于它没有组织运行之法。

记　者　印欧语的"圈圈"套不住汉语，能举个例子吗？

沈家煊　例如名词和动词这一对范畴，是语法里最基本的一对范畴。拿英语来说，在英语里名词和动词是两个不同的范畴，名词是名词，动词是动词，它们的形态标记就是不一样的。比如说"死"，名词是"death"，动词是"die"。又例如"爆炸"，名词是"explosion"，动词是"explode"，是不一样的。在使用中，名词做主语或宾语，动词做谓语，如果要用动词做主语或宾语的话，就要把它"名词化"。

汉语的情况就不一样。汉语的名词和动词没有形态标记区分，同样一个"死"字，可以是名词也可以是动词，所有的动词都可以自由地做主语和宾语。比如"我不怕死"，"死"做"怕"的宾语；"死不可怕"，"死"又是主语。

既然汉语所有的动词都可以做主语、宾语，那就谈不上"名词化"这一说。过去北大的朱德熙先生就很尖锐地指出，"名词化"这完全是理论上的多此一举。100多年来限于印欧语的体系框架，认为名词和动词分为两个类是天经地义的，但这种观点实际上是可以打破的。

我们可以把汉语的动词看作是名词的一个次类，它包含在名词里面，只不过是一种动态名词，是指称动作的名词。名词和动词这对基本的范畴，可以是分立的关系，也可以是包含的关系。在理论上有突破以后，很多问题就能迎刃而解。

我之前写过文章，分析中国学生学习英语的时候出现各种类型的偏误原因，其中一个主要原因就是汉语里名词和动词是包含关系，我们用这种方式来说英语，就造成大量的偏误。外语界研究英语教学把这种情况叫作"母语的负迁移"。

语言学家应该拥抱人工智能

记　者　说到语言学习，您怎么看当下流行的网络语言？

沈家煊　其实网络语言也很好地体现了汉语的特点。网络语言非常简洁，比如说一个"亲"字，含义就很丰富；又非常灵活，比如"尴尬"这个词，我们原来觉得它是一个联绵词，是不可以拆分的，但在网络语言里拆分的说法很多，比如"他就尬在那儿了"，"尬聊""尬舞"，什么都有。这体现汉语的一个特点就是，以字为基本单位，而不是以词为基本单位。

有人认为汉语虽然很简洁，但很多事情都说不明确，会影响交际，我认为这至少不完全对。最近网上引起热议的一件事，一个外国女生失恋了在网上发帖，很多中国网友用中式英语安慰她，说"you pretty, he ugly; you swan, he frog"（你美，他丑；你天鹅，他青蛙，意为：癞蛤蟆想吃天鹅肉），完全是中式表达，很简洁，但外国人看了居然也能领会其中的意思，而且十分感兴趣。还有"不作不死"，翻译成英文"no zuo no die"后，好像已经被美国的词典收录进去了。

语言哲学家格莱斯（H.P.Grice）提出的会话合作原则，其中有一条人人遵循的"适量准则"，就是说话的时候，一方面信息要足量，另一方面是不要过量，不要说得过多，你要相信人依靠常识或者背景知识，也能够理解你简洁的话。说话时提供的信息不要过量，这就是汉语特别注重的方面，很多时候依靠上下文，依靠背景知识，依靠说话的场合来理解。

对于网络语言，我认为总的来说要具体现象具体分析，现在有的人对乱改乱造成语很反感，确实有许多改动或创造的四字语效果不好，我觉得像"喜大普奔"这种就有点过头，但有的东西改得还真好，例如电熨斗的广告词"百衣百顺"。

记　者　那么您又如何看待人工智能呢？

沈家煊　最近ChatGPT是一个热门的话题。总的来说，我认为语言学家应该拥抱人工智能。我看到有一些语言学家一味给ChatGPT挑毛病，讲来讲去意思无非就是机器还是人造的，还是人最聪明，机器不如人。但事实上人工智能的表现在很多方面已经超过人类，例如围棋。ChatGPT对人说的话至少字通句顺，条理分明，而人说话颠三倒四的情形还少见吗?

我觉得现在最没有资格给人工智能挑毛病的恰恰是一些主流的语言学家。主流的语言学家信奉和采用的是"符号加规则"的理论和方法,符号就是名词、动词、形容词、主语、谓语、宾语这一套,规则就是"句子=名词短语+动词短语""动词短语=动词+宾语"这样的造句的规则。近一个世纪以来,语言学理论中占据主导地位的就是美国语言学家诺姆·乔姆斯基(Noam Chomsky)主张的生成语言学理论,这套理论就是基于"符号加规则",认为用这套理论和方法就可以生成所有语言中合乎语法的句子。

但是ChatGPT的成功,它的运作原理完全不是这样的,简单地说就是利用大数据和计算能力"预测"下一个词,比如说"我去吃饭"这句话,先说出"我"这个字,然后通过计算预测接下来那个词最大的概率是什么,还可以微调预测结果。这个过程中没有"符号加规则"这套东西,处理的不是符号,而是一个个实在的词。

在我看来,ChatGPT这种预测下一个词的做法,其实跟汉语的运行很相似。例如"老骥伏枥"这句话,用"符号+规则"来分析是这样的:"老"是形容词,"骥"是名词,"形容词+名词"构成名词短语做主语;"伏"是动词,"枥"又是名词做"伏"的宾语,"动词+宾语"构成动词短语做句子的谓语,符号加规则就是这样。

但是曹操一千八百多年前说出"老骥伏枥"时,是没有也不需要这套东西的。我曾经说汉语是一种动画型的语言,动画是怎么制作的?一帧一帧画面链接起来对吧,链接起来就动起来了。汉语也是这样的,有了"老"预测"骥",老者骥也,然后又从"骥"预测"伏",骥者伏也,伏者枥也,这样一步一步串联起来,这就是汉语的构造方式,跟人工智能的语言生成方式很像。

传承发展中华文化应在比较中寻求普遍意义

记　者　从语言学的角度，您认为应该如何传承发展好中华文化？

沈家煊　继承和发展，我认为不可偏废。传统的、优秀的东西我们要继
承，但假如没有发展的话，也就谈不上继承，继承和发展是一
对，是不能够分割开的。我认为新时代我们研究语言学的任
务，就是要用现代语言学的眼光，包括我们已经了解吸收的国外语言学
理论中的一些好的、先进的东西，来对中国传统中有价值的观点，重新
加以阐发。

作为中国人研究人类语言，当然要挖掘汉语的特点，要继承几千年来
我们研究汉语言文字所获得的成果，这是毋庸置疑的。但还有很重要的一
点，就是要把汉语放在世界语言变异的范围内来考察，因为你只从汉语看
汉语，是看不清汉语的。只有在深入的比较中，我们才能做出一个既具有
汉语特色，又具有普遍意义的语法理论。而不是光讲汉语特点，没有普遍
价值。最近这一百年来，在语法上我们都是从印欧语特别是英语出发看汉
语。但我们现在反过来，我写过好几篇文章，讲如何从汉语出发看英语。
我发现汉语的表层表达方式其实跟英语的底层构造方式是相通的。我举个
例子，"我们先读《论语》《孟子》"这句话，从英语的角度看，这句话
里"我们"是主语，"先读《论语》《孟子》"是谓语，"读"是动词，
"《论语》《孟子》"是宾语，"先"是副词修饰动词，完全按英语这一
套来分析就是这样的。但是从汉语的角度，还可以这样分析，"我们先
读"是主语，"《论语》《孟子》"是谓语，主语和谓语的字数相等，这
是中国传统的句读法，口语中甚至还可以"我们先读《论语》"是主语，
后面再追加一个"《孟子》"作补充。

由此可见，汉语中的主谓结构是可以有很多种切分方式的，而英语
主谓结构的切分方式可以看作是"中式主谓结构"的一个特例。从这个
角度看，汉语语法体系的普遍意义就显现出来了。所以我们现在做的，

我把它叫作"大语法"，构建了一个新的汉语语法体系大纲，就好像套圈游戏要有一个大竹圈一样，把汉语这只"大熊猫"给套住。寻求汉语"大语法"的普遍意义，这一点我觉得在传承发展中华文化的时候也很重要。

（付真卿）

文化传承发展

百人谈

56

提 要

● 水下考古未来的方向，必须从单纯的考古转向对水下文化遗产的保护

● 水下文化遗产发现后并不需要全部打捞，在不被盗捞和破坏的前提下，能够原址保护最终传之久远才是首选。中国水域已有200余处水下文化遗产，但这个数据未来会不断变化

● 水下考古成果的挖掘、整理、阐释工作仍然是今后需要重视的方向，以推动更多水下考古成果的展示利用，促进社会分享与全民参与

孙键 ｜ 国家文物局考古研究中心副主任、水下考古专家

　　孙键，国家文物局考古研究中心副主任，研究馆员，1994年开始从事水下考古工作，多年来一直工作在考古第一线，见证了中国水下考古30余年的发展历程。迄今参加过辽宁绥中元代沉船、西沙"华光礁一号"、广东阳江"南海一号"、广东汕头"南澳一号"等多个水下考古项目。他曾担任领队之一的"南海一号"水下考古项目，被誉为"中国水下考古的里程碑"，填补了海上丝绸之路的研究空白。

水下考古，
让水下封存的历史重见天日

　　英国地质学家查尔斯·莱伊尔曾经这样说过——"在人类历史演进的过程中，海底聚集的人类艺术品和工业纪念物的数量，可能比大陆上任何一个时期保存的还要多。"为了打捞这些人类遗珍，人类不断跃入大海。丰富的出水文物，让水下封存的历史得以重见天日。

　　在中国，以"南海一号"宋代沉船等多个水下考古项目的发掘及研究为标志，水下考古迄今已取得令人瞩目的成就。打捞尘封于水底的文物难在哪里？对于了解历史又有何意义？近日，国家文物局考古研究中心副主任孙键接受了四川日报全媒体"文化传承发展百人谈"大型人文融媒报道记者专访，中国水下考古筚路蓝缕发展至今的历程徐徐展开。

◆ **起步**

逼出来的中国水下考古事业

　　2024年9月初，孙键从广东出差匆匆回到北京。他的办公室，各种专业书籍和资料堆积如山；出差装衣物的背包放在一角，显然随时可以说走就走。30多年来，孙键就是这样一趟又一趟奔走在国内各个水下考古工地。

　　水下考古发端于20世纪40年代。法国海军发明的便携式水下呼吸器，让考古学家把工作地点延伸至海底成为可能。"在中国，建立水下考古学的愿望最初始于要了解沿海岛屿上的古文化遗存情况。"孙键介绍，20世纪70年代，广东省相关部门就已经在西沙群岛进行考古调查，"但当时下水的主要是渔民。"到了20世纪80年代，著名考古学家夏鼐和王仲殊明确指出了水底考古学的主要内涵、学科性质和发展简史，此后，水下考古学学科开始筹建。

从某种角度来说，这是被"逼"出来的考古事业。时间回到1986年。在荷兰阿姆斯特丹，一次性拍卖23.9万件中国文物的嘉士德中国文物专场拍卖会吸引了世界关注。这批文物由英国职业寻宝人迈克·哈彻在中国南海海域打捞，出自1752年沉没于此的"哥德马尔森号"商船。然而，受制于国际海洋法公约等法律条文，中国并不能阻止这场拍卖。相关部门委托故宫博物院的冯先铭和耿宝昌两位文物专家带着3万美元到场试图买一些文物，结果面对高昂的拍卖价格，两位专家没有拿到一次竞拍机会，眼睁睁看着文物被外国人买走。回国后，他们立刻给国家相关部门写信，强调中国沿海有很多这样珍贵的沉船，呼吁重视沉船考古。以此为契机，在时任中国历史博物馆馆长俞伟超的倡议下，中国历史博物馆（现中国国家博物馆）考古部于1987年成立了水下考古学研究室，这是中国成立的第一个专业水下考古机构，标志着水下考古学在中国正式诞生。

就在同一年，中国南海又有了新动静。当时英国海洋探测公司想要寻找沉没于广东省台山与阳江交界海域的18世纪东印度公司沉船"莱茵堡号"，交通部广州打捞局与之合作展开搜索。岂料"莱茵堡号"没能找到，却意外在此海域发现了一条满载货物的宋代沉船，并且用抓斗捞出了247件文物。"文物出水后，一看就是中国古代的文物，初步判断是中国宋元时期，和东印度公司的货物完全不同，所以中国政府立刻制止了他们继续打捞。"

这个水下新发现，引起了中国考古学界的关注。然而，中国当时才刚刚成立水下考古学学科，没有任何水下考古的实际经验。为了切实推进水下工作，中日合作成立了南海沉船调查学术委员会展开调查，最终发现了"南海一号"。

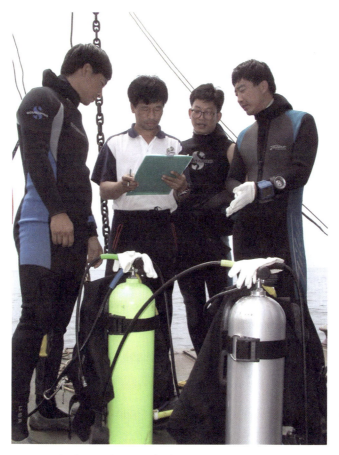

孙键（右一）和同事进行"南海一号"调查

"水下考古刚起步的阶段，我们没有任何经验和设备，不知道怎么去做。"孙键介绍，为了培养水下考古人才，中国先后派了张威、李季、杨林、王军等年轻学者到荷兰、日本、美国等国学习水下考古理论、潜水技术等，同时把国外相关专家请到中国讲学、展开空气轻潜水培训等课程。1989年，中国历史博物馆与澳大利亚阿德莱德大学东南亚陶瓷研究中心联合举办了"第一期全国水下考古专业人员培训班",沿海各省市有11人报名参加。从南开大学历史系毕业进入中国历史博物馆工作的孙键,也加入了水下考古的队伍。

◆ **发展**

他参与中国水下考古发展全过程

　　尽管在国外也曾有训练专业潜水员进行考古的模式,但中国从专业角度考量,选择了让考古人员深入水下。在水下考古培训班,来自考古界的队员们新奇地从头学习水下考古的种种技能。在孙键看来,这并非特别困难的挑战。"在水下考古的确会面临复杂海况以及钻船体等相对有难度的环节,而且超过40米的大深度潜水的确需要更专业的训练。但就工作而言,水下考古的世界观和方法论仍没有超越考古学体系,我们只是通过技术手段拓展了考古的范围而已。"孙键很快参加了中国首次独立完成的较大规模水下考古——辽宁绥中三道岗元代沉船遗址项目。这艘沉船发现于20世纪80年代,沉船本体历经数百年之后早已破碎,并形成数块巨大的凝结物。考古人员在此发掘出水了2000余件瓷器、铁器等文物,为环渤海古代航海史、海外贸易史和陶瓷史研究提供了重要资料。"此次水下考古,对处于起步中的中国水下考古事业具有特殊意义,它意味着年轻的中国水下考古队伍已经能够独自完成水下考古工作。"该遗址也因此被评为1993年全国十大考古新发现。

　　1996年,中国渔民在西沙群岛海域华光礁礁盘西北部发现了一艘南宋沉船,这就是"华光礁一号"。消息传出后,这艘满载陶瓷器以及铁器、铜钱的沉船开始不断遭到非法盗掘,沉船遗址破坏严重。1999年,中国历史博物馆水下考古研究中心和海南相关部门开始调集包括孙键在内的全国水下考古专业人员组建西沙群岛水下考古工作队,针对"华光礁一号"展开工作。

孙键整理华光礁沉船出水的陶瓷器

西沙华光礁遗址现场

华光礁在西沙远海，海底是珊瑚礁，海水清澈，沉船保留环境相对较好。考古队员们在直径20多米的遗址范围内展开发掘，出水了近万件文物。这是中国首次在远海发现有六层船体构件的古船，展现了中国古代造船工匠的精湛技艺。"这次成功的考古，意味着中国水下考古人可以在远离大陆的海域展开工作。"

　　2009年，孙键再次风尘仆仆奔赴南海。两年前，当地渔民在南澳岛附近海底作业时，无意间发现了一艘载满瓷器的明代沉船。面临文物贩子的疯狂盗捞，水下考古队对沉船展开了抢救性发掘，出水近3万件文物。值得一提的是，此次考古不仅出水文物极其丰富，广东省也针对水下遗址成立了水下文物保护区。"南澳一号"沉船考古，也因此入选2010年全国十大考古新发现。

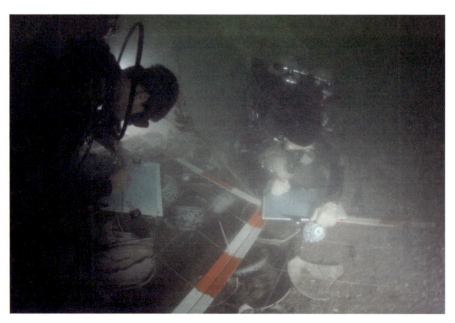

孙键（左）和同事在"南澳一号"考古发掘现场

　　多年来，中国的水下考古人员足迹遍布渤海、黄海、东海、南海，以及内水水域，见证了中国水下考古的艰辛和荣光。孙键特别不愿放大水下考古的难度，"它只是一种考古方式而已。事实上这么多年来，中国水下考古没有发生过一例重大安全事故。"

◆ **见证**
中国的水下考古正在扬帆远航

孙键考古事业中最难忘的时光，当属"南海一号"的考古发掘。作为这艘沉船的考古领队之一，孙键和同伴们一起经历了沉船水下调查、整体打捞、保护发掘、公众展示等诸多环节，"这是中国水下考古非常经典的案例，堪称中国水下考古的名片和里程碑。"

1987年，"南海一号"沉船在中英双方寻找"莱茵堡号"过程中被意外发现。作为中国水下考古的开拓者，俞伟超亲自将它命名为"南海一号"。因为它是中国发现的第一个沉船遗址，意味着中国水下考古的开始。然而，中国在当年无论是器材装备还是技术能力，都不足以支持"南海一号"的水下考古工作。直到2007年，才开始正式打捞。

在此之前，中国水下考古人已从2000年开始，展开过6次水下调查，最终确认了"南海一号"沉船的具体位置和埋藏环境。调查表明，"南海一号"沉船遗址的沉没位置深度在24米—26米，海水能见度较差，沉船上又覆盖海泥沉积层，水下条件复杂。但也正因为如此，保存在泥底下的船体温度、盐度、湿度都处于恒定状态，船货基本都能以原始的状态出现。

只是，针对"南海一号"究竟是原地发掘还是对沉船进行整体搬迁，业内形成了不同意见。有专家认为，如果采用海底原址发掘的方式，考古人员每次只能在海底待30分钟左右，单次工作的时间太短、效率太低，而且海底能见度差，大量的有用信息或许会在工作中被迫遗失，部分文物也会被遗漏。如果对沉船进行整体打捞，这条船上当时人们的生活痕迹就会被完整地保留，将提供一个中国人在800多年前航海的实证和场景。经过多番考量，国家文物局最终同意了将沉船整体打捞出水。

　　"南海一号"载重近800吨。为了打捞时不破坏船体结构，施工单位制作了一个重5600吨的钢制沉箱，将沉船全部套住。得益于中国海洋施工能力的提升，施工方不仅完成了在海底30多米处对船体的精确定位和从船体底部穿钢梁的施工，还派出起吊能力达4000吨的"华天龙"号起重船，将"南海一号"成功打捞出水。仅是整体打捞的工程，前后就花了半年多时间。

　　对考古人而言，更重要的工作在于后续的室内考古发掘。2007年，"南海一号"经整体打捞后被移至广东海上丝绸之路博物馆"水晶宫"。国家文物局考古研究中心与广东省文物考古研究所、广东海上丝绸之路博物馆比对了不同发掘方案后，最终决定以田野考古的方式，以船舱作为"探方"展开精细化发掘。室内考古还全程对公众开放，博物馆观众可以透过玻璃看到沉船考古的全过程。而为了保护发掘中暴露的有机质和金属，文物保护也同步进行，投入的经费和人力物力远超考古。

　　那些年，孙键经常在北京、广东两地奔波。得益于整体打捞完整保存了沉船信息，考古人员总计在船上清理出18万余件珍贵文物，他们还在船上发现了牛羊的骸骨以及橄榄、胡椒等生活用品，甚至还有一坛腌制的咸鸭蛋，让800多年前的航海生活更加鲜活而生动。"南海一号"考古项目不仅入选2019年度的全国十大考古新发现，也成功入选中国百年百大考古发现。

　　从水下考古的开拓者俞伟超到一代又一代水下考古人，从内陆江河的"长江口一号"到海底的系列沉船，中国的水下考古正在扬帆远航。

考古为证，中国不仅属于大陆文明，也属于海洋文明

"南海一号"证明中国宋代已开始大航海时代

记　者　"南海一号"被誉为"中国水下考古的里程碑"，从考古价值角度来看，对认识海上丝绸之路有何意义？

孙　键　海上丝绸之路上的商贸交流通常只见诸文献而无实证，我们并不清楚当年人们怎样航行、驾驶什么船只、交易什么货物等，当然也很难去真正理解当时的航海水平。以"南海一号"为代表的一系列沉船的发现和发掘，提供了一个真实可靠了解海上丝绸之路的窗口。尤其"南海一号"，它是迄今为止世界上发现的海上沉船中年代最早、船体最大、保存最完整的远洋贸易商船，共出土18万余件文物精品，对研究我国乃至整个东亚、东南亚的古代造船史、陶瓷史、航运史、贸易史等有着重要意义。

　　"南海一号"有一个特点——满载货物。它极可能是从福建出发以后，不久就沉没在广东海域，保留了大量珍贵信息。它当年装载了种类繁多的货物，也有船上的生活用具和旅客所携带的个人物品等。我们可以看到中国对外输出的主要物品、输出方式以及海上的生活、航线等。

　　这些船货中，陶瓷器的占比最高。主要是德化窑、磁灶窑、龙泉窑等东南沿海地区窑场为外销而生产的瓷器，也有景德镇的青白釉产品，证明了中国的瓷器是当时广受世界欢迎的畅销品。大量的贸易瓷器是适应不同市场需求的外销品种，而不同文化的审美、器型、工艺等也对中国瓷器产生了巨大的影响。

此外，"南海一号"上铁器的数量也非常庞大，总重量超过100吨。其中，既有工业制成品的铁锅等，也有作为初加工的铁锭。铁锅的出现和广泛使用，直接改变了中国人的饮食结构。唐代之前的食物烹饪方式主要是蒸煮，有了铁锅才能煎炒烹炸。铁锅的出口，表明通过海外贸易，中国的文化、习俗、生活方式也传播到了不同地区。

当然，除了对外输出商品，我们也能看到海外对中国的影响。"南海一号"上发现了很多胡椒以及玻璃制品。胡椒主要产自东南亚地区，它们出现在从中国出港的船上，说明这种来自异域的物产已经对中国饮食文化形成普遍的影响。事实上在唐代，胡椒还是非常贵重的物品。但是到了宋代，这种珍贵的物品却被广泛使用，也从侧面说明海上丝绸之路是一条"双向奔赴"的旅途——它将中国文化和风俗传播到更远的地方，也将外来元素带回到这片大地，极大丰富了中国人的生活。不同文明的交流与互鉴，是人类社会发展的一个永恒主题。不同地区、不同民族共同参与了海上丝绸之路的开拓、利用，既是受益者也是传播者。

记　者　"南海一号"是宋代沉船，中国宋代的航海业是一个什么水平？

孙　键　中国宋代的航海业已极为成熟发达。适宜远洋航行的福船开始定型、指南针等导航技术日趋成熟，为远洋航行提供了技术保障。

　　从"南海一号"可以看到，这艘沉船的船体残长约22.1米，船体保存最大船宽约9.35米，体量不小，而且船上装载的货物也非常丰富，这都说明当时中国的航海业已极为成熟发达。

我们以前一直强调中国是大陆文明，但实际上我们也是海洋文明，也通过海路和世界交流。如果说中国的唐代主要是外国人来华经商，那么到了宋代，就是中国人主动到海外从事贸易活动，"南海一号"便是直观的证据，证明了早在两宋时期，中国已经开始了大航海时代。

甲午沉舰调查发现历史更多真相

记　者　前不久国家文物局公布了甲午海战沉舰的最新考古成果。中国为
　　　　何要展开甲午沉舰调查？这些年来又有哪些新发现？

孙　键　我国相关部门寻找甲午海战沉舰的想法在20世纪90年代就已萌
　　　　生，只不过受当时的技术条件所限，好几次开展工作都没有成
　　　　功。2014年左右丹东港扩建涉及当时甲午海战的海域，国家文物
局决定支持甲午海战沉舰调查。经过连续10年的工作，通过打捞沉船以及
考古研究，我们得以更全面了解当时的状况。

　　比如著名的"丹东一号"，后来证明是致远舰，排水量2300吨，航速
达18.5节，是北洋水师主力战舰中速度最快的。甲午海战中，致远舰在弹
药将尽且遭受重创后，由管带（舰长）邓世昌下令冲向日本舰队欲与敌同
归于尽，不幸被敌击中沉没。我们的考古人员在水下探摸中，的确发现多
处木板、钢铁上都有燃烧的痕迹。这些烧痕说明，在海战中致远舰的确损
毁严重。此外，我们还发现致远舰的"穹甲"有明显往外翻迹象，可能是
舰上锅炉爆炸所致。在对甲午海战系列沉舰的调查中，还发现了各种各样
的子弹，说明当时北洋舰队配备了一定的轻武器弹药。像致远舰当时就配
备了6挺11毫米加特林机枪，其中2挺位于桅盘上，4挺位于甲板上；经远
舰则配备有53毫米格鲁森炮弹药筒、120毫米炮弹底火，但这两类武器均
不见于经远舰的出厂档案，应属1894年甲午海战前紧急添置的武器装备，
以加强艉部火力，这也说明当时舰队展开过积极备战。在对经远舰的调查
中，我们还发现舰船外侧很多地方被烧焦，印证了当时日方的记录——经
远舰起火，但舰队官兵还在一边躲避火焰一边开炮射击。

　　这些年来，我们在辽宁黄海海域和山东威海湾已相继发现了"致
远""经远""定远""超勇""扬威""靖远""来远"等沉舰，取得
了重要收获。

记　者　对甲午沉舰的调查考古，对认识那段惨痛的战争史有何意义？

孙　键　甲午海战对于中国近代史以及世界海战史来说都非常重要。它是人类历史上第一次使用蒸汽机做动力，并且配备了大口径火炮舰队之间的对战，所以当时就备受世界关注。但关于甲午海战中北洋海军的失败，长期以来，网上流传着诸如炮弹里填沙子、大炮上晾衣服等传言。考古工作证明了这些属于谣传。比如炮弹里填充沙子是当时各国海军给穿甲弹配重的统一做法，以便精确计算发射距离和角度；定远舰主炮高度将近3米，正常人不会爬那么高去上面晾衣服。

随着近年来大量沉舰文物的出水，对甲午海战过程的研究提供了新的依据。甲午战争的屈辱和抗争是中国近代史的一个重要节点，这些出水文物也将警示每一个中国人牢记历史，前事不忘，后事之师。

中国水域水下文化遗产已发现两百余处

记　者　中国近年来针对多个水下遗址展开了工作，目前中国水域水下文化遗产的家底是否已经摸清？

孙　键　摸清水下文物家底需要投入的时间、人力、物力都非常大，所以目前这个目标还未实现。最近这些年，在国家文物局的统一部署下，我们针对重点海域进行了水下文化遗产的调查。这些重点海域包括了海上丝绸之路所要经过的航线和节点。水底文物调查能见度很差，我们更多的是靠声呐物探设备进行全覆盖的扫测，所以相关工作推进不是太快。截至目前，我们统计的数据是中国水域已有200余处水下文化遗产，但这个数据未来会不断变化，因为有的水下文物长时间浸泡或者受涉海工程的影响，或许就会受到破坏甚至消失。中国政府对于文化遗产保护事业极为重视，国家《"十四五"考古工作专项规划》中，专门强调要"持续开展我国沿海海域水下考古区域调查，逐步摸清我国沿海海域水下文化遗产状况，搭建全国水下文化遗产数字化信息平台"。在2023年底启动的第四次全国文物普查中，也提出了要对以前发现的水下遗迹进行核查，未来可能会不断有新的发现。

记　者　未来的水下考古还需要注意哪些方面的问题？

孙　键　单从水下考古的角度而言，一方面需要借助海洋地球物理探测等
　　　　技术手段辅助解决水下遗存的发现和确认问题，同时将深海技术
　　　　及其他相关技术系统转化为深海考古能力，也是推进深海考古需
要关注的问题。当前，深海技术的突破性进展，使中国深海考古变得现实
可行。国家文物局考古研究中心与中国科学院深海科学与工程研究所成立
的"深海考古联合实验室"，借助"深海勇士"号载人潜水器，已在南海
实现了千米水下的深海考古调查。调查显示，因为深度原因，水下遗址反
而较少受到破坏，历史遗存保存较好。

　　但我们需要注意的是，水下考古未来的方向，必须从单纯的考古转向

孙键和同事乘坐"深海勇士"载人深潜器向海底进发

对水下文化遗产的保护。2001年，联合国教科文组织《保护水下文化遗产公约》中明确指出，在允许或进行任何开发水下文化遗产的活动之前，就地保护应作为首选。也就是说水下文化遗产发现后并不需要全部打捞，在不被盗捞和破坏的前提下，能够原址保护最终传之久远才是首选。因为很多水下遗址今天还没有发掘条件，如果强行发掘可能造成破坏。2009年，我们针对"南澳一号"明代沉船开展了抢救性发掘，也只是因为当地渔民在海底作业时偶然发现这艘沉船载满瓷器，消息传出后便遭遇盗捞，遗址也有被破坏的风险。所以我们在抢救性发掘中取出了两万多件货物，沉船则做了罩子在原址进行保护。因为到目前为止，大型木质沉船的保护仍是世界性难题。

最近几十年，中国水下文物的保护力度有目共睹。像2006年北礁沉船遗址、海南华光礁沉船遗址等就分别纳入了全国或省级重点文物保护单位。中国也尝试了区域保护的举措，比如广东公布了"南海一号""南澳一号"水下文物保护区，山东省也将"威海湾一号"沉舰遗址列为首批水下文物保护区。这些工作的推进，都将促进中国水下考古和文物保护事业的后续发展。此外，水下考古成果的挖掘、整理、阐释工作仍然是今后需要重视的方向，以推动更多水下考古成果的展示利用，促进社会分享与全民参与。

（吴晓铃）

文化传承发展
百人谈

57

提 要

● 长城见证了中华民族从多元到一体，伴随了中华民族形成和发展的过程。同时，也是人类文明发展历史的重要见证

● 通过保护传承、活化利用，长城这一古老的文化瑰宝，在新时代焕发出勃勃生机和全新光彩

● 对长城精神的解读，主要内容包括三个方面：一是团结统一、众志成城的爱国精神；二是坚韧不屈、自强不息的民族精神；三是守望和平、开放包容的时代精神

● 长城所代表的英勇不屈的斗争精神，已经永远定格在国歌里，成为一种民族精神

● 深入挖掘长城与中华文明的和平价值，对在世界范围内构建"和而不同"多元共存的全球文明秩序具有理论价值

董耀会

中国长城学会首席专家、
副会长

人物简介

董耀会，著名长城专家，中国长城学会首席专家、副会长，中国旅游协会长城分会会长，中央宣传部宣教局核心价值观特聘讲师，国家文化公园建设工作专家咨询委员会专家委员，河北地质大学长城研究院院长，燕山大学中国长城文化研究与传播中心主任、教授。

1984年5月4日至1985年9月24日，董耀会完成了对明长城的首次徒步考察后，40年来致力于长城的研究、保护、宣传和利用工作。著有《明长城考实》《瓦合集——长城研究文论》《守望长城——董耀会谈长城保护》《长城：追问与共鸣》《长城文化经济带建设研究》等专著十余种，多部著作被列为国家出版基金和对外出版国家资助项目。

主持和参与多项国家社科基金及部省级长城相关科研项目。主编了大型画册《长城》，担任《中国长城志》总主编，主持文化和旅游部长城国家文化公园建设《长城文化和旅游融合发展专项规划》的编制。

长城见证中华民族和中华文化的发展变迁

　　长城，横跨15个省份，横亘于中国北方辽阔大地。这一世界上修建时间最长、工程量最大的古代防御工程，上面的一砖一石，都铭刻着历史沧桑和民族记忆。

　　习近平总书记说："长城凝聚了中华民族自强不息的奋斗精神和众志成城、坚韧不屈的爱国情怀，已经成为中华民族的代表性符号和中华文明的重要象征。"

　　2024年是董耀会徒步考察明长城40周年。40年来，董耀会专注于行走长城、宣传长城、研究长城，参与筹建中国长城学会，参与研究并促成《长城保护条例》的出台，倡议设立长城保护基金会并担任第一任主任，担任总主编、历时10年编纂完成首部《中国长城志》……近年来他又奔走在各地，为长城国家文化公园建设发挥着积极作用。

　　近日，在北京八达岭长城，董耀会接受了四川日报全媒体"文化传承发展百人谈"大型人文融媒报道记者的专访。

　　望着气势恢宏、延绵不绝的长城，董耀会说："长城见证了中华民族从多元到一体，伴随了中华民族形成和发展的过程。同时，也是人类文明发展历史的重要见证。"

◆ 徒步考察长城

在长城上留下完整足迹

为什么要徒步考察长城？这是40年里，董耀会被问到最多的一个问题。

董耀会是河北秦皇岛人，18岁参加工作时，是秦皇岛电业局的一名外线工。在山上施工架设高压线时，常常会看到长城。细心的董耀会注意到，长城每一段建得都不一样。

"这在我心里埋下了探索长城的种子。"董耀会说，1982年的一天，他突然产生一个想法，"既然长城是分段修建的，也是分段守卫的，那么长城应该没有人从头到尾走过。如果能在长城上留下完整足迹，这将是一件多么有意义的事！"

为了实现这个想法，董耀会整整做了两年准备。为了更多地了解长城，董耀会去北京找老一辈文化人请教，又特地到北京图书馆（现国家图

北京八达岭长城

240

书馆）去查资料。为了省钱，晚上他就在图书馆附近找一个可住宿的澡堂，花一元五角钱洗个澡，然后在澡堂大堂的床上睡一觉。

如此这般，到出发之前，董耀会基本看遍了明长城沿线的州府县志，还查阅了《九边图说》《边政考》等与明代长城相关的历史文献。

1984年5月4日，董耀会和好友吴德玉从山海关出发。"长城徒步考察，不能只是走，还要记录下所见所闻。"董耀会说，每天晚上都要把当天拍的照片编号，行走的路线也要整理出来。他自己还有写日记的习惯，几乎每天都工作到深夜。

1984年8月，"爱我中华修我长城"活动在全国掀起热潮。彼时，走到长城北京段的董耀会一行，受到北京媒体的高度关注。1984年9月17日，"爱我中华修我长城"社会赞助第一期、第二期工程竣工典礼在北京八达岭举行，时任全国政协副主席、开国上将萧华等党和国家领导人出席典礼，董耀会等人也应邀参加。当时萧华鞭策他们说："走完长城，我在

徒步考察到达嘉峪关（左起：吴德玉、张元华、董耀会）

北京给你们接风洗尘。"

北京活动结束，再次踏上行程。董耀会回忆，长城很多地方以险为塞，地图上没有道路标识，只有当地老乡才知道哪条小路能绕到长城上去。"我们要记录长城的位置地名，全靠当地的老乡做向导。"

1985年9月24日，董耀会一行终于抵达甘肃嘉峪关。遗憾的是，萧华将军在此前不幸病逝。

后来，董耀会和伙伴又用两个月考察了鸭绿江到山海关的明辽东镇长城。和那个时代很多青年一样，董耀会也有一个文学梦，总想写点关于长城的文字。这次考察后，董耀会终于把梦想付诸文字，结合历史文献撰写了考察报告《明长城考实》。

被誉为"万里长城第一人"的中国古建筑学家罗哲文为该书撰写序言，"《明长城考实》一书中的章章节节，字字句句都是用脚步踏写出来的。它将是这一个时代关于万里长城的忠实记录，成为一个时代的真实史料，传之后世而无愧。"

◆ **研究和保护长城**
长城事业已融入了我的生命

1984年，在"爱我中华修我长城"活动现场，萧华曾问过董耀会一个问题："为什么从秦始皇到朱元璋都修长城？当时不修长城行不行？"

董耀会下意识地回答"不行"，但究竟为什么不行却答不上来。这个问题被董耀会称之为"萧华之问"。

徒步考察后，董耀会意识到，要更好地开展对长城的研究，需要系统学习中国历史、考古、地理、文化等方面的知识。

1987年，在写完《明长城考实》后，罗哲文等人分别为董耀会写了推荐信，介绍他到北京大学进修；之后，董耀会便开始跟随北京大学地理学教授、中国科学院学部委员（院士）侯仁之先生学习。

在北大进修期间，董耀会拼命读书，完成了对长城历史研究的补课。他还挤出时间写了一本《长城万里行》，虽然这是一本通俗读物，在当时却是一部介绍长城知识的权威之作。

此时，关于长城保护已经成为全国性话题。1987年6月25日，中国长城学会成立大会召开。作为学会成立的见证人和参与者，董耀会的特写镜头出现在当晚的央视《新闻联播》上。此后，董耀会先后担任学会的副秘书长、秘书长、副会长、常务副会长。

始终伴随着他的"萧华之问"，则在一次次思考中不断深入和完善。董耀会说，要想理解长城文化和精神，首先需要回答三个问题：第一，中华民族为什么持续两千多年不断地修筑长城？第二，中华文明是四大文明古国中唯一没有中断的文明。在这个特殊的人类文明现象中，长城起着什么作用？第三，站在人类文明发展的视角下，如何理解长城所代表的中华文化对人类文明发展的价值和意义？"这三个问题的实质，就是一句话，长城是人类文明的标志。"

带着这样的思索和追问，董耀会先后完成了十余种专著，并主持和参与多项国家社科基金及部省级长城相关的科研项目。特别是由他担任总主编、历时10年编纂的《中国长城志》，是首部全面记述长城历史、全面反映长城区域风貌的史志体大型学术著作，在长城研究的学术史上具有里程碑意义。

近年来，董耀会又推动多所高校成立长城相关的学术研究机构，包括河北地质大学长城研究院、燕山大学中国长城文化研究与传播中心，以及在兰州大学、山西大学、东北大学秦皇岛分校等高校设立长城研究机构。

董耀会说："能以自己有限的生命陪伴长城，对我来说是非常荣耀的事。长城事业已融入了我的生命，有生之年会陪伴着长城，一起走下去。"

◆ 建设长城国家文化公园

在新时代焕发出勃勃生机

2019年12月，中共中央办公厅、国务院办公厅印发了《长城、大运河、长征国家文化公园建设方案》，要求各地区各部门结合实际认真贯彻落实。

作为国家文化公园建设工作专家咨询委员会专家委员，年近七旬的董耀会还奔波于督导调研的第一线。

"建设国家文化公园是党中央作出的重大决策部署，是推动新时代文化繁荣发展的重大文化工程。长城国家文化公园代表了国家形象、彰显了中华文明，建设要体现国家意志，要立足国家层面考虑问题。"董耀会说，让长城承载的中华民族深层次文化记忆符号更好地服务于国家文化和经济建设，是建设长城国家文化公园的重要任务。

董耀会介绍，长城国家文化公园规划安排实行"1+2+15"的体系，其中"1+2"是指三个国家规划，分别为《长城国家文化公园建设保护规划》和《长城文化和旅游融合发展专项规划》《长城沿线交通与文旅融合发展规划》；"15"是指长城经过的15个省份的省级规划。

其中，《长城国家文化公园建设保护规划》和很多省级保护规划的编制论证工作，董耀会曾多次参加。《长城文化和旅游融合发展专项规划》则是文化和旅游部委托董耀会作为负责人主持编制的。

《长城、大运河、长征国家文化公园建设方案》规定了国家文化公园重点建设4类主体功能区，分别为：管控保护区、主题展示区、文旅融合区、传统利用区。作为《长城文化和旅游融合发展专项规划》编制的负责人，董耀会一直在思考长城文旅融合究竟该如何开展，文旅融合的聚集区怎么划分？业态和产品怎么融合？文旅融合路径与模式是怎样的？长城国家文化公园的公共性和市场服务性如何融合？还有长城的历史文化和旅游产品的融合问题，如何解决"文化项目不好玩，旅游项目没文化"的问题。

　　最终，《长城文化和旅游融合发展专项规划》作为长城国家文化公园文旅融合区建设工作的规范指导文件，在编制中进行了新的探索，提出的规划体系综合考量了长城文旅融合的文化产品、文化业态、文化主题、文化品牌、文化体验及文化情境。

　　"如今，长城国家文化公园建设正稳步推进。"董耀会说，通过保护传承、活化利用，长城这一古老的文化瑰宝，在新时代焕发出勃勃生机和全新光彩。

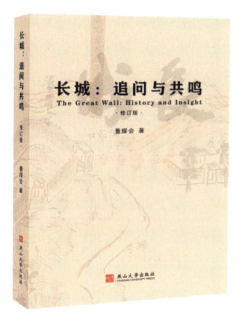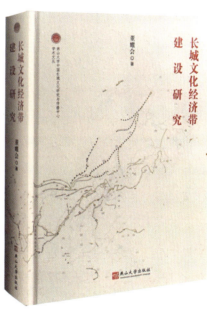

董耀会出版的著作

深入挖掘长城与中华文明的和平价值

长城是中华民族共同体意识的凝聚

记　者　长城对于中华民族的融合，发挥了什么作用？

董耀会　中国是一个统一的多民族国家，中华民族呈现出多元一体的格局。长城代表着长城两边共存共生、融合发展的关系。我常用中国的"中"字，来解读长城。如果中间的一竖代表长城，两边就代表了相互依存、紧密联系、不可分割的统一体。多元利益平衡基础上的一体利益最大化，是中华民族的智慧。

我们要以历史的眼光去看待长城在不同阶段的作用，理解其核心思想和文化的一脉相承。

历史上农耕文明与游牧文明在长城区域相互碰撞融合，这是共同构建中华民族共同体的过程。各民族血肉相连，唇齿相依，长城两边也早已成为多民族共同的家园，可以说，长城地区在中国历史发展和中华民族融合的过程中具有特殊的历史地位。长城见证着中华民族和中华文化的发展变迁，支撑着中华民族的代代相传。

长城是中华民族共同体意识的凝聚，我们今天弘扬长城文化就是要为铸牢中华民族共同体意识作出贡献。

记　者　应该如何理解长城文化价值？

董耀会　长城的历史文化价值，体现在其为中华文化的重要组成部分，体现在其对人类文明发展的贡献。人类社会生活和人类文明的发展过程中，始终面临着三个最基本的问题：

生死存亡是第一个基本问题。不能解决生死存亡，一切将无从谈起。长城作为我国古代一项伟大的军事防御工程，它的修筑，最初的动力也是解决生存问题，不仅是长城内的，还包括长城外的。几千年来，长城一直与生存息息相关，为民族发展、文化延续发挥了重要作用。

构建文明秩序是第二个基本问题。人类文明的延续和发展需要构建秩序，小到交通规则，大到国际规则。而长城构建了农耕民族与游牧民族之间的秩序，农耕民族在长城里面种地，游牧民族在长城外面放牧，二者通过长城成千上万的关口来进行贸易。历代统治政权通过修建长城，对农牧秩序进行控制和维系，实现长城区域的社会稳定。这样，就有效促进了民族融合与社会进步。

文明的传承和发展是第三个基本问题。中华民族有着五千多年文明发展史，对于每一位中国人来讲这种民族自豪感不言而喻。文明发展史的规律和经验证明，形成文明需要一定质量的继承。在古代社会，长城为构建起相对和谐的社会秩序提供了保障，修建长城对于保护以农耕政权为代表的中原文明的传承具有重要意义。如果没有长城的保障，中华文明存续的时间和文明传承的质量，都会受到很大的负面影响。

可以说，长城存在的价值，始终与人类面临的三大问题高度契合。所以我一再强调，长城是人类文明的标志。

长城精神已定格在国歌里

记　者　如何看待长城留给我们的精神价值？

董耀会　目前对长城精神的解读，主要内容包括三个方面：

一是团结统一、众志成城的爱国精神。中华民族的团结和国家的统一是实现中华民族伟大复兴的前提和保证。中华民族五千多年的发展史，也就是各民族共同推动国家统一，维护国家统一的发展史。作为爱国精神的团结统一，在长城区域尤为重要。

二是坚韧不屈、自强不息的民族精神。坚韧不屈是勇于面对任何困难，不怕输更不服输的精神。自强不息的精神是艰苦奋斗的精神，也是踏实肯干的精神。坚韧不屈、自强不息是中国的民族精神，也是中国人实现中华民族伟大复兴的精神支撑。

三是守望和平、开放包容的时代精神。中国文化追求"各美其美、美人之美、美美与共"，长城代表了中华民族热爱和平的美德，也包含着人类文明所共有的属性，从这个意义上来讲，长城文化和精神是具有人类文明普遍性的。

记　者　长城作为一种标志符号，经历了怎样的演变过程？

董耀会　在古代，长城是军事、国防的象征与标志。中国自古就有将军队或对国家有贡献的人，比喻成"万里长城"的做法。从目前的文献记载来看，最早出现"万里长城"一词是1500多年前的南北朝时期，是将"万里长城"比喻成军队。明代长城的象征意义使用得更为广泛。《明太祖实录》记载，明朝开国大将徐达曾被朱元璋誉为"万里长城"。

近代以后，我们的国家和民族遭受了深重的灾难，甚至濒临于亡国灭种的边缘。到抗战时，中国军队在河北、内蒙古等地的长城沿线，英勇抗击侵略者。这一时期，长城作为一个标志、一种语境，逐渐成为保家卫国意识觉醒的代表。

在1937年抗日战争全面爆发之际，上海华艺影片公司筹拍电影《关山万里》。其中主题歌《长城谣》，不仅唱出了中国人的悲痛，更唱出了中国人的反抗意志，"万里长城万里长，长城外面是故乡。四万万同胞心一样，新的长城万里长。"由于淞沪抗战爆发，电影《关山万里》未能如期拍摄，主题歌《长城谣》却在长城内外传唱开来。

在长城所代表的民族精神的感召下，中华儿女经过长期的英勇斗争和流血牺牲，实现了国家和民族的解放。

直到今天，"把我们的血肉，筑成我们新的长城"，仍是《义勇军进行曲》里极为雄壮的一句。长城所代表的英勇不屈的斗争精神，已经永远定格在国歌里，成为一种民族精神。

长城国家文化公园建设要因地制宜

记　者　您曾多次陪同来华访问的各国政要参观长城，您如何向他们介绍长城？

董耀会　1998年6月时任美国总统克林顿访华，2002年2月时任美国总统布什访华，我都作为指派专家陪同参观长城。面对长城这一人类最伟大的古代防御工程时，两任美国总统也提出了这样的问题：为什么要耗费这么大的人力和物力来修筑长城？我给出的答案是：中国人修筑长城是为了和平。长城在古代是有备无患的代表。长城作为军事防御工程，不是为"打仗"而修建。修筑长城的人并不想打仗，只有渴望和平、不想打仗的民族，才会投入这么大的人力、物力修筑万里长城。对于这一观点，他们都十分赞同。

记　者　和平是全人类共同的心愿，也是全世界都能听得懂的语言。

董耀会　是的。历史上，长城虽然是军事防御工程，但不是为打仗而修建的。这个观点，季羡林、侯仁之等老先生也一直在讲。在我看来，长城是守望和平的文化坐标。从古到今，中国人的文化追求都是不想打仗。中华文明奉行与人为善、与邻为伴的行为准则，不仅讲"和为贵"，还强调"和而不同"。

这样的思想境界反映到战争观中，就是对战争进行有效的控制，这也是长城防御体系产生的文化基础。正是在这种文化背景下，古代王朝政权才会不断地修筑长城。对战争尽量采取遏制的态度才是长城文化，即便对于战争，中华文化也是讲求以文武并用的手段来解决问题。类似"不战而胜"的想法，始终是兵家的最高追求。从春秋战国长城修筑之时起，便在顺应战争形势的同时注入了和平的思想理念。尤其是墨子以其卓越的军事智慧，大力倡导其守御的筑城理念，这对长城的修筑产生了重大而深远的影响。守望和平的前提是要有备无患，长城的和平精神也是一种超越敌对关系的精神。历史在不断向前发展，对和平的追求永不会改变。深入挖掘长城与中华文明的和平价值，对在世界范围内构建"和而不同"多元共存的全球文明秩序具有理论价值。

记　者　长城国家文化公园建设的核心是什么？

董耀会　长城承载着中华民族伟大的创造精神、奋斗精神、团结精神、梦想精神，建设好长城国家文化公园，对弘扬中华民族精神至关重

要。建设国家文化公园，也是国家推进实施的重大文化工程，具有重大历史价值和现实意义，主要体现在对中华文化核心价值的保护、展示和传承方面。

长城国家文化公园建设，其核心始终是长城遗存和长城文化。历经千百年风雨，长城文物本体保存程度不一，很多地段处于濒危状态。即便是保存较好的明长城，也面临这种情况。秦、汉、金长城等因自然风化等多种因素影响，只存在部分烽燧和城墙遗迹。

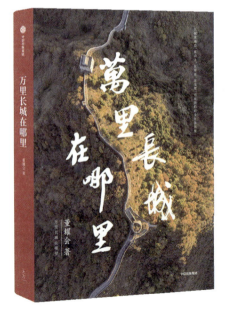

董耀会出版的著作

建设长城国家文化公园的目的，是在保护好、传承好的同时，讲好长城故事。但以长城现存的自然状态，有些地段是很难进行展示利用的。也就是说，具备较高文物保护价值的长城遗址，不一定具有很高的旅游体验价值。另外，因长城保护之艰巨，长城遗址旅游开发也受到很多客观制约。譬如，如何合理修订法律法规、创新机制政策，同时充分利用日新月异的数字技术，多维度地提高遗址旅游的可行性和吸引力？这些层面，还需要我们继续思考。

经过这些年的走访调研，我有一个认识，即长城国家文化公园建设，要因地制宜地采用不同的方式方法和技术手段，多元化推动当地文化资源和旅游业态相融合。长城文旅融合，有必要通过有效引导，让长城沿线的旅游目的地成为长城文化活动地，让游客能够在旅游中感悟到长城文化价值和精神内涵。

（王国平）

文化传承发展
百人谈

58

提 要

● "世界文学"不能只有西方文学，它必须包括非西方文学在内

● 翻译永远不能取代原文，但是不能因此贬低翻译的作用。从有人类以来就有翻译，它是给那些不懂原文的人看的，最重要的作用是沟通

● 借助跨越不同语言和不同文化的国际化新视角，重新发现中国文学的独特魅力，重新定位中华文化对人类文明的伟大贡献

● 我们现在经常讲把文化"推出去"，这个说法不太恰当，好东西不是"推"出去的，是别人来"取"过去的，鲁迅讲"拿来主义"就是这个意思

张隆溪

国际比较文学学会原主席、湖南师范大学潇湘学者讲座教授

人物简介

　　张隆溪，北京大学硕士，哈佛大学比较文学博士，曾任教北京大学、哈佛大学、加利福尼亚大学河滨分校及香港城市大学，现任湖南师范大学潇湘学者讲座教授。2009年获选为瑞典皇家人文、历史及考古学院外籍院士，2013年获选为欧洲科学院外籍院士。2016年至2019年，当选为国际比较文学学会主席。长期专注于东西方跨文化研究，曾以中英文发表《二十世纪西方文论述评》《道与逻各斯》《走出文化的封闭圈》《中西文化研究十论》等20多部专著和多篇学术论文。

在平等的基础上寻求东西方跨文化的理解

一部写给西方世界的《中国文学史》，如今"出口转内销"进入了国内读者视野。最近，由著名学者张隆溪以英文撰写的《中国文学史》，正式翻译成中文并在国内出版。该书从先秦时代与中国文化传统基础文本讲起，洋洋洒洒写到20世纪上半叶的中国现代文学。

张隆溪长期专注于比较文学与世界文学研究，尤其在东西方跨文化研究领域成就卓著。在书中，张隆溪力求借助跨越不同语言和不同文化的国际化新视角，重新发现中国文学的独特魅力，重新定位中华文化对人类文明的伟大贡献，还将中外文学交流互动视为中国文学史的重要议题。恢复高考后，张隆溪凭借高中毕业生的身份，以第一名的成绩"跳级"考取北京大学西语系研究生的事迹，经常为人津津乐道。后来在美国、中国香港、中国内地等高校长期任教和从事学术研究，他又凭借众多高质量的学术著作和论文，成为不少中外学人心目中"中西方文化的摆渡者"。2023年7月，结束在香港城市大学25年的教职，张隆溪任职湖南师范大学，在岳麓山下、湘江之滨，诲人不倦，笔耕不辍。正如他在一部著作的引言中所说："我们完全有可能在平等的基础上，寻求东西方跨文化的理解，在东西方研究中作出我们的贡献。"

张隆溪用英文写作《中国文学史》,发端于20年前的一个国际学术合作计划。当时,瑞典一家基金会资助本国学者研究各个国家的文学,后来扩展至邀请全球知名学者共同参与。一个10人的核心小组应运而生,张隆溪是其中唯一的中国学者。"我们把一个瑞典的计划变成一个国际的计划,决定要撰写Literature:A World History(文学:一部世界的历史)。"

为何会有这样一个合作计划?张隆溪说,从19世纪到20世纪初,很多西方学者写过世界文学史。但他们往往是以西方的观念和角度,一个西方学者无法了解全世界各个地方的文学。所以这些作品中,非西方文学通常写得不那么好。"文学:一部世界的历史"希望打破这种西方观念占统治地位的局面,尽量让本民族、本国学者书写他们各自的文学史。"文学:一部世界的历史"分为四卷,张隆溪负责主编第三卷,即公元1500年到1800年这一部分,同时具体承担《中国文学史》的撰写工作。"我主要做东西方比较,在研究比较文学、世界文学的时候有一种强烈的感觉,我们现在所说的'世界文学'主要是西方文学,比如荷马史诗、但丁的《神曲》、莎士比亚的戏剧,不光西方读者知道,非西方读者也知道。"

但是非西方文学往往不是这样。张隆溪说,中国文学从《诗经》《楚

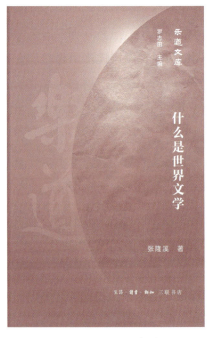

张隆溪出版的著作

辞》到后来若干伟大作家的经典作品，在审美价值方面并不亚于西方经典作品，然而由于各种原因，中国文学很大程度上仍属于"民族文学"而非"世界文学"。"我在美国教了10年书，发现西方的大学生对李白、杜甫、苏东坡、陶渊明、李清照这些名字完全是陌生的。"

张隆溪认为，"世界文学"不能只有西方文学，它必须包括非西方文学在内。"我们中国的学生，对西方主要的思想家、作家、艺术家都有所了解，都听说过柏拉图、亚里士多德、莎士比亚、贝多芬，但是一个西方大学生可能完全不了解中国文化，这种不对等的状况应该加以改变。"

因此，《中国文学史》目标受众是西方读者，用浅显流畅的语言介绍中国几千年来的文学史，"让他们知道中国有哪些大作家、大诗人，有哪些重要的作品。"张隆溪花了很多工夫，把不少重要的作品翻译成英文。"在讲一段历史的时候，有具体的文学例证，使外国读者了解中国的作品。"

◆ 追随大师步伐，
开阔眼界夯实学术根基

张隆溪1947年出生于四川成都，从小便对中国古典诗词和英美文学兴趣浓厚，为此努力学习外语，打下了良好的外语基础。高中毕业后，他一度下乡插队3年、做工人5年，后进入中国科学院成都生物研究所从事科技翻译工作。

"比起文学和诗的语言，科技英语实在很简单。"在所里，张隆溪除了翻译科技资料，还将一本中文版《大熊猫》译成英文，将一本英文版《蛇类》译成中文，两本书由科学出版社出版。"但我的兴趣始终在文学上，所以我继续自学，还译出了法国史学家泰纳的《英国文学史》论莎士比亚的一章。"1978年，经由时任中国科学院成都分院副院长马识途举荐，张隆溪以总分第一名的成绩直接考取北京大学西语系研究生，师从著名学者、翻译家杨周翰先生，后又赴哈佛大学攻读博士学位。几十年来，他先后在北京大学、哈佛大学、美国加利福尼亚大学河滨分校、香港城市大学等高校任教。张隆溪很喜欢苏轼的诗句"横看成岭侧成峰，远近高低各不同"，他用几十年横贯东西的学习、研究、工作经历，身体力行地践行了这一理念。"我觉得眼界开阔，对于做学术、想问题很重要。一个人应该走很多地方，看很多书，吸收不同的思想。"一大明证，便是他与钱钟书、朱光潜、马悦然等文化、学术名家长期往来、切磋学术，成了亦师亦友的"忘年交"。

1980年6月，在北大求学期间，张隆溪偶然结识了钱钟书先生，两人经常通信或当面交流。"跟钱先生聊天非常愉快，他做学问的眼光和方式对我影响很大。"张隆溪受到的启发是，作为一个中国学者，一方面要对中国有很深入的了解，一方面也要打开眼界了解西方，了解其他的文化。

张隆溪赴美读博前夕，钱钟书送给他一套《全唐诗外编》，并写下"相识虽迟，起予非一"等文字。"起予非一"即"不止一次地启发了我"。张隆溪说，"起予非一"这句话用了《论语》的典故，以孔子跟学生的关系比喻钱钟书和他的关系，某种意义上等于承认了两人的师生名分。

在北大时，张隆溪十分敬慕朱光潜先生的学问文章，也时常登门拜访。"我只是一个后生晚辈，而朱先生是德高望重的名教授，但在他跟前，我从来没有感到过拘谨局促。"张隆溪说，朱光潜对学问抱着极为认真的态度，作为当时最有声望的美学家，在学术问题上并不固执己见，不把自己的学问视为一己之私产，而是随时准备从旁人的意见中吸取任何有价值的东西。

◆ **链接中外学界，**
在东西方文化之间"摆渡"

几十年来，张隆溪以中英文发表了20多部专著和多篇学术论文，

《二十世纪西方文论述评》《道与逻各斯》《走出文化的封闭圈》《中西文化研究十论》《比较文学研究入门》等著作在中外学界影响深远。

 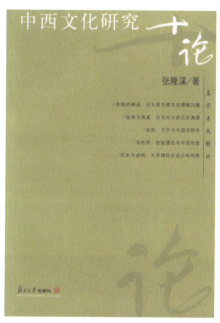

张隆溪出版的著作

"从语言方面来讲，用英文写作跟用中文写作在我而言并没有什么区别，我用英文撰写的著作在西方也逐渐得到读者、学界的承认。"渐渐地，张隆溪不仅受邀成为多家国际知名学术期刊的编辑、顾问，从2016年到2019年，他还担任了国际比较文学学会主席。在此学会建立60多年的历史上，历任主席基本上是欧美学者，张隆溪是第一个也是目前唯一一个中国籍主席。

张隆溪还致力于译介国内学者的优秀成果。在过去很长一段时间里，西方学界几乎完全忽略中国本土的学术。"现在时机已到，西方学者和其他感兴趣的读者应当接触来自中国的观点看法，而把重要的中文学术著作翻译成英文出版，就是在这样接触中走出的重要一步。"由此，他在国外主编了"布里尔中国人文学术丛书"和"东亚比较文学与文化研究丛书"两套丛书。

自2007年以来，"布里尔中国人文学术丛书"已经推出了18部中国学者著作的英译本，涉及洪子诚、陈平原、陈来、骆玉明、荣新江、葛兆光、罗志田、朱维铮、陈鼓应等颇具影响力、能够代表中国当代学术研究水平的学者。"东亚比较文学与文化研究丛书"已经出版了15部，除了钱钟书的《七缀集》系中文著作英译外，其余大多为不同国家学者以英文撰写的作品。2023年7月，张隆溪离开香港，任职湖南师范大学。除了近两年推出的《中国文学史》《作为发现的世界文学》等专著外，他还希望在中国文学批评方面有所著述。张隆溪还为湖南师范大学主办的《外国语言与文化》杂志英文版联系国外学者，邀约其撰写相关文章，做相关专辑并

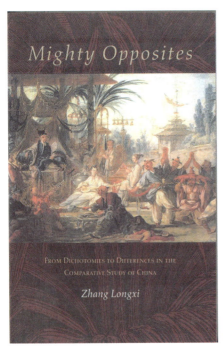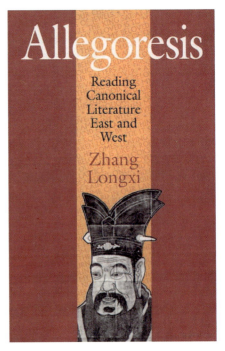

张隆溪出版的著作

组织国际会议等。"我在国外的时间比较长，认识的人也很多，所以这方面可以做一些事情。"

在湖南师范大学外国语学院，张隆溪还指导比较文学与跨文化研究方向的博士生，并讲授相关课程。他表示，今天有志于从事东西方文学、文化比较研究，乃至传播推广、交流互鉴等具体工作的年轻人，一定要做到"兼通"。"一是能够读古文，对中国传统文化、古典文学有一些了解；另一个就是外文也一定要很好，起码英文应该很好，能够听说，能够阅读，对自己的研究有帮助。最主要的是眼界比较开阔，知识面比较广，不要只懂一两个东西。"

文化不是"推"出去的，是别人来"取"过去的

东西方比较研究不只是象牙塔里面的东西

记　者　您一直从事东西方文化和文学的比较研究，被称为"中西方文化的摆渡者"。为什么您会对这一学术领域感兴趣？

张隆溪　某种意义上是自然形成的。我从小就比较喜欢中国古典的东西，会背很多诗词，但另一方面我也很喜欢学外文，英文学得很好，还自学了俄文。我一方面对中国的传统有兴趣，一方面对外国的东西也很有兴趣，非常想多了解一点。

我是以高中毕业生的身份考到北大西语系读研的，跟杨周翰先生做莎士比亚研究。我不是外文系科班出身，各种各样的书都看，自然很容易对东西方的文化都有兴趣。我想也正是出于这个原因，我跟钱钟书先生"一见如故""一拍即合"。一个年轻人对中国的传统、西方的东西都有些了解，我觉得他是很高兴的。

钱先生在《谈艺录》序言里面说"东海西海，心理攸同"，后来跟他交往，我就感觉东西方文化之间的互相理解是非常重要的。我做东西方文学、文化的比较研究等，好像是象牙塔里面的东西，但是我觉得这是现在这个世界需要的。美国跟中国或者西方跟中国需要互相了解，需要跨文化的理解，如果互相了解，就可以避免偏见、仇视，就不太容易发生大规模的冲突。所以这些研究跟地缘政治是直接相关的。

记　者　您强调东西方文化"在很多方面展现了相同和相通之处"，与您经常引用的钱钟书先生名言"东海西海，心理攸同"异曲同工。能否举例说明，东西方文化的"相同和相通之处"在哪些方面有所体现？

张隆溪　"相同"和"相通"稍微有点区别。"相同"就是两个人、两个事物比较相似，"相通"是指二者道理上是通的，但是表述上可能不一样。东西方文化的"相同和相通之处"有很多。西方重要的神学家奥古斯丁写过一本书，指导基督教教徒理解《圣经》，其中前言里边有一段话很有趣。他说他无论怎么讲，总有一部分人是不能理解的，就像他用手指头指着星星和月亮，有的人通过手指头去看星星和月亮，有的人只看到手指头，看不到星星月亮，有人连手指头都看不到。这样的人不能怪他奥古斯丁，是这些人自己的理解力不行。

在东方，"以手指月"是佛经常用的比喻。一些佛经讲到佛说法的时候，弟子在旁边没听懂，佛就说不要看他的手指头，要看月亮。这种相同简直是惊人的。

过于强调文化的差异、对立容易带来误解

记 者 与您的观点相对应的是，从19世纪开始直到今天，西方学界有一大批学者包括汉学家，在不断强调东西方的文化差异。在您看来，出现这种状况的原因是什么？数百年来，这一观念造成了怎样的影响？

张隆溪 16世纪末17世纪初，利玛窦等耶稣会教士到中国以后，报道了很多中国的情况，在欧洲有很大的影响，主要有两方面。

一是中国没有教会。西方中世纪的时候，宗教的影响力远远高于世俗的政权。耶稣会教士到了中国以后，发现中国虽然没有教会，但社会管理得非常好，经济发展也不错，明代的中国跟当时的欧洲比较起来是很发达的，这对西方的思想家、哲学家影响非常大。

另一个就是科举考试制度。在中国，科举考试制度不看出身、背景，只要书读得好就有机会做官，改变身份地位。当然它也有各种各样的弊端，但从原则上来讲是公平的、合理的，所以西方人特别羡慕，他们认为中国人已经实现了柏拉图关于"哲学家为王"的梦想，即应该由有学问的人来治理国家。当时的欧洲还是一个贵族社会，出生在贵族家庭才有社会地位，平民就没什么社会地位。

所以在17、18世纪，西方对中国的看法是非常正面的，认为中国已经实现了他们理想中的世俗国家。但是工业革命以后，西方迅速发展，不断向外扩张建立殖民地。19世纪尤其是鸦片战争以后，中国在一两百年时间里逐渐成了一个弱势的国家，这个大的背景使西方人改变了对中国的看法。

具体从学界来讲也有很多例子。19世纪末20世纪初，法国民族学家列维·布留尔写了一本《原始思维》，认为欧洲人的思维方式是逻辑的、分析的、抽象的，而原始的思维方式是审美的、物质的、形象的，这使欧洲人跟非欧洲人不一样。这种观念变得非常有影响，特别是在法国形成了一

个传统，把中国看成是西方的对立面，尤其把中国看成跟希腊是相对的。因为在法国人、欧洲人看来，希腊是他们文明的来源，希腊有的东西中国没有，中国有的东西希腊也没有，把它们视为完全相反的两个方面，从学术上强调差异、强调对立。

记　者　您提到过一个现象，在中国受过基本教育的人，对西方文化往往都有一定了解，比如柏拉图、亚里士多德、莎士比亚；但反过来，中国的经典作品在西方往往少有人知。您觉得造成这种情况的原因是什么？

张隆溪　从地缘政治的角度来看，19世纪以后进入殖民主义和帝国主义时期，就实际的政治经济的力量对比来讲，中国逐渐变得贫穷、落后，那么相关的文化也处于弱势，西方对中国的看法变得负面，这是一个大的方面。另外一个更具体的，就是我刚才讲的列维·布留尔观念的影响，认为不同的民族有不同的思想方式，西方人是一种抽象的、逻辑的、分析的方式，而非西方人是审美的、具体的、物质的。法国学者弗朗索瓦·于连就写了很多书和文章，把中国跟希腊完全对立起来，比如说古希腊有真理的观念，中国没有真理的观念。

　　当然，不是所有的西方学者、汉学家都认同这样的看法，比如剑桥大学教授杰弗里·劳埃德，中文名叫罗界，他是专门研究希腊的古典学权威。他知道中国有深厚的文化传统，写了不少讲希腊和中国的书和文章，也最先反驳列维·布留尔这一套。

　　凡是把东西方绝对对立起来的人，都是把本来非常丰富的文化和思想说成了一个东西，然后再跟另外一个被极度简化的东西来对比。中国先秦有"百家争鸣"，大家都是不一样的，孔子和儒家不能单独代表中国的文化，除了儒家还有道家、兵家、法家，各种各样的观念都有。文化一定是丰富的、多样的。

文学翻译、文化翻译最重要的作用是沟通

记　者　您在一些文章和讲演里面提到，中国文学、中国文化要实现更大范围内的传播和理解，翻译至关重要。翻译一方面涉及语言文字的问题，另外一方面也涉及思想观念的问题，您觉得主要难点有哪些？

张隆溪　我们不可能去读所有的原著，更多是通过好的翻译才了解外国文学。比如钱春绮翻译的歌德、海涅，查良铮翻译的拜伦、普希金，对我都有非常大的影响。翻译是一种受到原文限制的创作，

文化翻译、文学翻译，尤其哲学和文学的翻译是很困难的，涉及一些重要的观念和表述，怎么样去处理它们不一样的方面是非常难的，不能自己随意创造可又要有自己的创造性。在某种意义上，实际上你是用一种新的语言去做一个新的表述，文学尤其如此。

就拿《道德经》来讲，"道可道，非常道；名可名，非常名"，"道"在英文里面经常翻译成way，"道路"的意思。这一句话里面用了三个"道"，第一个"道"是道家思想的"道"，孔子也讲"道"，说"道不行，乘桴浮于海"。这个"道"是一种最高的观念，很难用西方文字翻译过来，way太局限了，"道"不光是"道路"。我觉得这里的"道"字是没办法翻译的。

可是第二个"道"就是"说话"的意思，"道可道，非常道"是指能够说出来的"道"就已经不是"常道"了，语言是有局限性的。"道"这种最高的概念是没有办法用语言去表现的，《庄子》里面也说"道不可闻，闻而非也；道不可见，见而非也；道不可言，言而非也"。所以我在《道与逻各斯》英文版里面，就特别讲了"道"有这双重的意思。跟"逻各斯"比较，是因为"逻各斯"在希腊文里面恰好也有两个不同的意思，既是语言又是语言所讲的内容。它跟"道"不完全一样，但在思维跟语言之间的双重关系上面是相通的。

所以我在这本书里面，把"道可道，非常道"翻译成"Dao that can

be daoed is not the constant dao"。第二个"道"本来是个动词，英文里没有"daoed"这个词，我为了重复"道"，专门解释"道"就是说话的意思。但同时，翻译如果每个字都像这样去解释，那就没人看了，通顺流畅也很重要。

记 者   为了攻克文学翻译、文化翻译上的难关，推动当前备受倡导的文明交流互鉴，您觉得文化界、学术界可以重点开展哪些工作？

张隆溪   我觉得最重要的是对语言的把握，做翻译，外文和中文都必须很好，必须对两种语言都掌握到很高的水平，基本上是native（本地人、当地人）那种感觉。这是可以做到的，但需要很多的努力。

我写《中国文学史》就翻译了很多作品，很多作品我很想选，但是有的太复杂、典故太多，或者必须有很多说明，所以我选择的都是很重要的诗，但相对而言是比较容易翻译的。翻译永远不能取代原文，但是不能因此贬低翻译的作用。从有人类以来就有翻译，它是给那些不懂原文的人看的，最重要的作用是沟通。

对一种文化的了解，翻译只是第一步。例如，只读莎士比亚的原著，你对他的了解是有限的。还要读很多评论，很多有名的学术著作，知道莎士比亚为什么伟大，那些作品有什么意义，你对他的了解才会更深。

我用英文写作《中国文学史》就出于这样的目的。一开始准备写一本10万字的"简明中国文学史"，出版社非常感兴趣，后来写了20万字。中国在世界上越来越受到重视，这种重视会逐渐扩展到历史、文化，尤其知识分子、大学生会更有这种兴趣。我们现在经常讲把文化"推出去"，这个说法不太恰当，好东西不是"推"出去的，是别人来"取"过去的，鲁迅讲"拿来主义"就是这个意思。

（余如波）

文化传承发展百人谈

59

提 要

● 民俗就是民间风俗习惯，是指一个国家或民族中广大民众所创造、享用和传承的生活文化

● 民俗在传承过程中不是一成不变的，传承与变异是民俗的两个基本特点

● 民俗来自人民，传承于人民，规范民众生活，又是深藏在人民的行为、语言和心理中的基本力量

● 民俗学所关注的并非民众社会生活中所有的文化事象，而是具有历史传承、形成规律性、对民众生活具有潜移默化指导作用的文化事象

中国民俗学会会长、
山东大学特聘教授

叶涛

人物简介

　　叶涛，山东大学特聘教授，山东大学儒学高等研究院教授，现任中国民俗学会会长、中央统战部（国家宗教事务局）宗教工作专家库特聘专家等。主要研究领域为民俗学、民间文学、中国民间信仰、泰山文化，是山东大学民俗学、中国民间文学学科点的主要奠基者。2008年至2020年，曾就职于中国社会科学院世界宗教研究所，任研究员，博士生导师。撰写有《民俗学导论》《中国民俗》《中国京剧习俗》《泰山香社研究》《泰山石敢当》等著作，主编《新中国民俗学研究70年》、《中国牛郎织女传说》（5卷本）、《中华后土文化丛书》（7卷本），发表学术论文、调研报告近百篇，参与策划并主编大型文献丛书《中华泰山文库》（120卷）。

民俗传承着中华民族
数千年以来延续至今的文化血脉

一年中要过哪些节日，节日里有哪些活动？喜欢吃大米还是面食？在不同场合的着装有什么讲究？……这些司空见惯的日常生活背后，往往就体现着某种民俗文化。

"简单来说，民俗就是人们在日常生活中传承下来的习俗、活动、信仰、故事等。"中国民俗学会会长、山东大学特聘教授叶涛说，在数千年的历史发展过程中，中国民俗形成了自己独有的特点，承载着中华民族的基因和血脉。

叶涛从事民俗文化研究已近40年，在他看来，建设中华民族现代文明，优秀民俗文化的保护、传承和发展是一项重要的时代课题。近日，在山东大学的办公室里，叶涛接受了四川日报全媒体"文化传承发展百人谈"大型人文融媒报道记者的专访。"新时代文化事业生机盎然，民俗文化也迎来前所未有的发展机遇。"叶涛说，作为民俗学者，将继续深入挖掘和继承学术传统，在提升全社会的文明水平、满足民众的社会需求方面继续发挥积极作用。

◆ 因为两本书走进民俗学

1983年秋，山东大学抽选文科80级的学生20余人开设了社会学讲习班，为筹建社会学系培养师资，叶涛是学员之一。讲授社会学概论的李树军老师谈到民俗在社会控制中的作用时，推荐了民俗学家乌丙安刚刚出版的《民俗学丛话》，这是改革开放后我国正式出版的第一本民俗学著作，也是叶涛读到的第一本民俗学著作。不久后，叶涛又接触到了我国于1984年出版的日本学者后藤兴善的《民俗学入门》。

"这两本书深深地吸引了我，把我带进了民俗学的殿堂，走上了专业从事民俗学研究的道路。"叶涛说，自己原本学的是中文，最终还是听取了当时社会学系的筹建负责人徐经泽教授的建议，"留校在未来的社会学系中做民俗学研究，使山大社会学学科多一点自己的特色。"

1984年7月，叶涛从山东大学中文系毕业后，和其他来自历史、哲学、经济、科社的6位同学一起，参与该校社会学系的筹建工作。

民俗学研究十分注重走进文化现场的田野调查，以获取第一手资料，特别是那些未被典籍文献收录的文化现象。1985年，利用寒假时间，叶涛和同事简涛下乡开展了第一次"春节民俗"的学术调查，调查地点选在山东招远县（今招远市）。临行前，两人从学校借了一台笨重的录音机和一部"海鸥120"照相机。

在招远期间，因为恰逢春节前后，当地结婚的新人比较多，除了调查节日习俗，两人还顺道做了婚嫁礼俗的调查。回忆当时的情景，叶涛历历在目："在很多新人家里，得知我们的身份是大学老师，主人们非常热情，甚至把我们安排到主桌。"在当时的乡村，照相机还是极其稀罕的物件，虽然这款"海鸥120"一个胶卷只能拍十几张照片，但每到一家，叶涛都会给新人拍几张照片、留下地址，回到学校后冲洗出来寄给他们。

"现在回想起来，我们那次民俗调查的准备工作并不充分，调查内容也没有做很好的设计。"但在叶涛看来，这是他第一次用民俗学田野调查的方式开展工作，在他以后的学术生涯中仍然具有重要意义。特别是在1987年参与撰写《山东民俗》一书时，由叶涛执笔的婚俗部分，便使用了不少这次调研中得到的资料。

◆ 创办《民俗研究》杂志

1985年春天，新学期开学。叶涛一面忙着给哲学系干部班上课，一面整理春节调查的资料，粗略统计文字有三四万字，照片近二百张。

"当我们想把这些文字发表出来时，才发现当时没有任何适合刊发这类民俗调查报告的刊物，甚至连专门的民俗学专业期刊也没有。"叶涛说，这让他们萌生了办一份杂志的念头。

很快，他们的想法得到学校和老先生们的支持，自1985年6月起，叶涛和简涛两人就投入创办杂志的工作中。在学校内部的论证会上，将新创刊杂志定名为《民俗研究》。

1985年7月末至8月上旬，借着暑假的机会，叶涛去北京拜访了钟敬文等老一代学者，征求学界对创办杂志的意见，并向他们约稿。

钟敬文是中国民间文艺学、民俗学学科的开拓者和奠基人之一，被誉为"中国民俗学之父"。"那是第一次去钟老家，钟老就住在北京师范大学校内，印象中家里比较拥挤。"叶涛说，钟老对于创办杂志非常支持。向他约稿，钟老当即拿出刚写完的《〈民俗学译文集〉序》。又请钟老为杂志题词，后来钟老寄来他题写的"民俗研究"四字刊名，发表在第一期的扉页。

此外，叶涛还拜访了杨堃、杨成志、容肇祖、罗致平这几位改革开放后倡议恢复民俗学的老先生。筹办杂志期间，徐经泽教授还带着简涛到广州参加了我国社会学界恢复重建后召开的第一次国际学术研讨会。会议期间，徐经泽向社会学家费孝通先生汇报了创办《民俗研究》的设想，费老对此也给予充分肯定，并说"山大的社会学可以发挥自己的优势，办出自己的特色，民俗学或许就是一个特色"。

"没想到，我们两个年轻人创办杂志的想法，竟然得到了校内外著名学者的大力支持，这使我们备受鼓舞。"叶涛说。

1985年10月，《民俗研究》总第1期面世，封面上印着"试刊1985"。

"这说明我们对于创办杂志和杂志的编辑工作还是处在一种摸索、尝试的阶段。"叶涛坦言，当时确实心里没底，仅凭着一股闯劲和热情先把工作做起来再说。

1985年11月下旬，叶涛和简涛带着杂志参加了中国民俗学会首届学术讨论会，得到与会专家的认可。此后，由于简涛赴德国进修，自1986年总第3期开始，杂志的编辑工作便由叶涛一人负责。随着办刊质量的逐渐提高，从1988年第4期开始，《民俗研究》上面就印上了国内统一刊号。当2009年叶涛因工作调动不再参加杂志编辑工作时，《民俗研究》作为教育部主管的国家重点学术期刊之一，在学术界已享有很高的声誉和影响力。

◆ 钟敬文先生的"关门弟子"

为了提高自己的学术水平，做好关于民俗学的教学和研究工作，已在业界崭露头角的叶涛，在2000年决定去北师大跟随钟敬文学习。

此前在1996年9月，由钟老牵头，北师大举办了首届"中国民间文化（民俗学）高级研讨班"，叶涛作为学员参加了学习。这期间，叶涛向钟老说起了进修学习一事，不过后来在各种事务工作的压力下搁浅了。

到了1997年下半年，国务院学位委员会调整了培养研究生的学科目录，民俗学作为独立的二级学科第一次出现在国家人文社科的学科目录中。1998年，全国有8所高校获得了首批民俗学硕士学位授予权，山东大学位列其中。

1999年秋，山大招收的第一届3名民俗学专业硕士研究生入校。"忽然间成为研究生导师，要系统指导研究生的学习，对于我这个只有本科学历的导师而言压力可想而知。"叶涛说，在给第一届研究生上课的第一个学期中，他深深地认识到了自己的不足，这促使他下定决心，跟随钟老攻读博士学位。从2000年秋开始，叶涛到北师大做访问学者，跟着民俗学专业2000级4位博士生，完整地听了钟老一个学期的课，每周一次。"那年钟老已经98岁了，老人家不仅耳聪目明、思路清晰，而且几乎没有缺过课，每次上课都是从小红楼家中一路走到位于科技楼的教室。"叶涛说。

2001年春天，叶涛报名参加了北师大的博士入学考试。那一年，北师大民俗学专业共招收7名博士，钟老名下有4名，叶涛是其中之一。遗憾的是，他们入学不到半年，钟老便仙逝，"我们4位便成为名副其实的钟门'关门弟子'。"叶涛说，"从1985年第一次见面开始，钟老对于学问的追求、对于学科建设的付出，都深深影响着我，他的教诲更是令我受益终身。"

继承先师的衣钵，如今叶涛已是中国民俗学研究领域的领军人物，特别是在泰山文化研究方面，是领域内的权威，而这一研究课题，也是当年钟老亲自为他定下的。2020年调返山东大学后，叶涛主动给研究生开设了中国民俗学史课程。每次给新生上第一节课时，他也像当年的钟老一样，先讲做人与做学问的基本原则。

2018年，叶涛当选中国民俗学会会长。中国民俗学会自1983年成立以来，在钟敬文、刘魁立、朝戈金等三任领导的带领下，取得了令学界瞩目的成就。叶涛当选会长后，继续带领学会践行新时代新的文化使命，为建设中华民族现代文明，保护、传承和发展优秀的民俗文化作出贡献。

叶涛出版的著作

民俗来自人民，传承于人民

民俗是中华优秀传统文化的重要载体

记　者　什么是民俗？

叶　涛　民俗就是民间风俗习惯，是指一个国家或民族中广大民众所创造、享用和传承的生活文化。它起源于人类社会群体生活的需要，在特定的民族、时代和地域中形成、传播和演变，为民众的日常生活服务。换句话说，民俗是在历史传承过程中形成的一种模式化的文化现象。比如说吃饭，过去农忙的时候每天吃三顿，农闲的时候吃两顿，这就是关于吃饭的一种民俗。

民俗深植于集体，在时间上，人们一代代传承；在空间上，它由一个地域向另一个地域扩布。同时，民俗在传承过程中不是一成不变的，也会出现各种不同的版本，比如春节饮食，北方吃饺子，南方吃年糕、汤圆，传承与变异是民俗的两个基本特点。

民俗来自人民，传承于人民，规范民众生活，又是深藏在人民的行为、语言和心理中的基本力量。可以说，民俗在我们身边是无处不在的，我们的生老病死、日常生活，均与之息息相关。

从更广阔的历史背景看，民俗文化是和中华优秀传统文化共生的，是中华优秀传统文化的重要载体。同时，民俗文化也是一个民族精神的主要组成部分，是维持中华民族数千年来生生不息的一种生命力，传承着我们民族数千年以来延续至今的文化血脉。

记　者　中国的民俗文化有哪些特点？

叶　涛　中国的民俗文化，我认为主要有以下三个特点：一是深受儒家文化的影响。比如儒家"以和为贵"的思想，已经深入到我们的生活细节里，我们的服饰、建筑等，都讲究对称和谐。二是体现了中华优秀传统文化中"连续性"的特性。因为中华文化没有中断，我们很多民俗自然也是传承有序。比如，春节贴春联、端午吃粽子，千百年来的历史文化就隐含在我们的民俗里。三是多样性。我们有句老话，叫"十里不同风，百里不同俗"，这恰恰是中国民俗文化的特点。中国地域广阔，而且是一个有着五十六个民族的多民族国家。在这个团结和睦的民族大家庭中，形成了多民族、多自然生态、多文化形态的民俗特点。上述特点决定了中国民俗文化在数千年的发展过程中能够保持相对的稳定性，也使民俗文化成为维持中国古老文明数千年一脉相承的重要基础。

民俗与非遗同源共生

记　者　民俗与民间文学、非物质文化遗产等概念是什么关系？

叶　涛　关于民俗与民间文学的讨论，主要集中在学术领域。民俗学自1846年在英国被创立以来，现在一般认为民间文学是民俗学的组成部分，但也有学者认为民间文学有其独特性，可以成为相对独立的学科。民俗与非物质文化遗产则有着同源共生的亲缘关系。1972年，联合国教科文组织通过的《保护世界文化和自然遗产公约》，对于保护物质文化遗产起了重要作用。此后各界逐渐认识到，在保护物质文化的同时，还要保护非物质文化，否则文化保护是不完整的。经过近30年的探讨，2003年联合国教科文组织正式通过《保护非物质文化遗产公约》，此时"非物质文化遗产"这一概念正式形成。

联合国教科文组织在讨论非物质文化遗产过程中，众多学科的专家都作出了重要贡献，其中民俗学家发挥至关重要的作用。在联合国教科文组织最初的讨论中，首先提出的就是要保护民俗。从最后通过的公约看，也是把民俗学的一个最基本理念放到了非遗保护中，即强调"活态传承"。从这个角度来讲，民俗学理论为非物质文化遗产保护提供了坚实的理论基础。

由《保护非物质文化遗产公约》所掀起的非遗保护运动进入中国后，很快就与我国的国情及管理体制结合在一起，形成了非遗保护工作的中国特色，为我国丰富的民间文化，特别是优秀传统民间文化的挖掘、保护和传承带来了难得的机遇，作出了巨大贡献。20多年来，我国以前所未有的力度加强非遗保护工作，促进非遗薪火相传，实现创造性转化、创新性发展，在新时代焕发新活力、绽放新光彩，也为国际非遗保护事业贡献了中国智慧，提供了中国方案。

记　者　这对于民俗学者来说提供了怎样的机遇？

叶　涛　可以说是非常难得的发展机遇。回顾中国非遗保护的历史，老一代民俗学家、民间文艺学家，如刘魁立、乌丙安、刘锡诚、陈勤建等为我国的非遗理论建设和评审实践作出了卓越的贡献；中青年民俗学者则以朝戈金、巴莫曲布嫫为代表，为我国非遗理论和实践与国际接轨、代表我国的非遗工作者在联合国教科文组织中发声、在国际舞台上展示中国非遗实践的成就等，也作出了突出的贡献。

早在2004年，时任中国民俗学会理事长的刘魁立受原文化部相关司局委托，组成课题小组，起草了《国家级非物质文化遗产代表作申报评定暂行办法》和《国家级非物质文化遗产代表作申报书编写指南》。

我也参与到非遗保护工作中。2006年公布的第一批国家级非遗代表性项目中"泰山石敢当习俗"的申报，我参与了调研写作，此后有关内容结集成书《泰山石敢当》纳入"非物质文化遗产丛书"出版；"白蛇

传""梁祝""孟姜女"和
"牛郎织女"是中国四大民间
传说，其中前三个，均为第一
批国家级非遗项目。从2006年
起，我接受山东沂源县的委
托，带领山东大学民俗学研究
所师生用了近3年时间，对当
地的牛郎织女传说进行系统调
查与研究，最终在2008年，沂
源县"牛郎织女传说"入选第
二批国家级非遗名录，这期间
我们还组织召开了全国首届牛
郎织女传说学术研讨会，编撰
出版5卷本的《中国牛郎织女

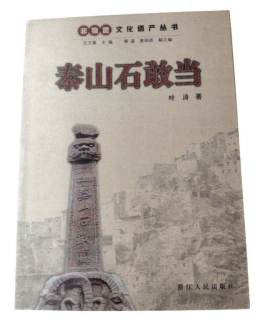

叶涛出版的著作

传说》丛书；被纳入第二批国家级非遗项目的"泰山东岳庙会"，我也直
接参与调研、申报工作。

可以说在我国非遗保护工作的各个时期，几乎所有的民俗学者或主动
或被动地参与其中，民俗学者参与非遗保护工作的人数是各学科中最多
的，他们深深地介入了非遗项目的调研、归档、申报、评审等具体工作，
特别是在从国家、省级到市、县四级评审的专家委员会中，民俗学者都是
重要力量。

民俗学关心现实社会，关注民众生活

记　者　在现代化进程中，民俗学如何处理好传统与现代、继承与发展的
　　　　关系？

叶　涛　民俗学是一门眼光向下、关心现实社会、关注民众生活的人文学

科。它的研究对象是具有历史积淀的传承文化，这种传承文化是活态的文化，是在现实生活中发挥着重要作用，而且不可或缺的文化事象。社会上常常将民俗等同于遗留物、老古董、旧礼仪，将民俗学家看作是一群研究历史、关注传统、观念守旧的学者，这是对民俗、对民俗学的误解。

中国的民俗学家在将传统节日列入国家法定假日的过程中所发挥的作用，是民俗学关注当下、参与社会管理的最好的注脚。2004年下半年，中国民俗学会受中央精神文明建设指导委员会办公室的委托，完成了"中国节假日体系研究"的专项课题。2006年12月至2007年2月，受国家发展改革委委托，中国民俗学会完成了"民族传统节日与国家法定假日"的论证工作。该课题着重论证了春节、清明、端午、中秋四大民族传统节日的"起源与流变""内涵与功能""象征符号""节日符号"等，针对节假日体系改革问题提出了建议。2007年12月，修订后的《全国年节及纪念日放假办法》由国务院正式颁布，除原有的春节，又增加了清明节、端午节、中秋节三个传统节日。

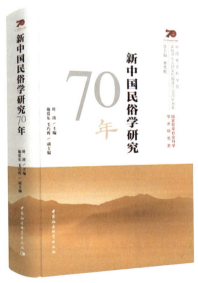

叶涛出版的著作

传统节日被列入国家法定假日，符合民意，顺应民心，这是关系到全体民众生活的大事，也是涉及国家政治、经济、文化等多个方面的政策性行为。中国民俗学会的学者积极参与国家假日体系的改革，并作出重要贡献。

记　者　关注当下、关注民众社会生活是人文社会科学领域许多学科的共同要求。民俗学的优势何在？

叶　涛　民俗学所关注的并非民众社会生活中所有的文化事象，而是具有历史传承、形成规律性、对民众生活具有潜移默化指导作用的文化事象。其中，具有历史传承是最重要的因素，不过，需要传承多久才能够称作是"历史传承"呢？过去的说法是传承三代，还有的说法是传承百年，等等，说法不一。我们习惯说的"风俗"，可以拆分为"风"和"俗"，一时兴起的"风尚""风气"还不能够成为民俗学研究的对象，但这阵"风"刮的时间够久、影响足够大，就会成为"俗"了——约定俗成，那么，"风俗"形成了，民俗学的研究对象也就有了。

过去由风成俗可能需要几代人数十年以上的时间，如今信息化时代，随着传播方式、学习方式等方面的巨变，由风成俗的时间也被大大压缩，一阵风刮起来之后，很可能只需要几年甚至几个月便风靡全国乃至全球，这给我们界定民俗学的"历史传承"特点带来新的挑战。因此，我们同样应该把这些已经约定俗成的文化事象认作是民俗学的研究对象。

民俗学的当代性特征，拓宽了学科研究的领域，为学科建设和学科发展奠定了良好的基础。新形势下，民俗学将深入挖掘和继承学术传统，在理论创新和方法探索方面勇于尝试，关注当下，关注日常生活，在提升全社会的文明水平、满足民众的社会需求方面继续发挥积极作用。

记　者　应该如何通过民俗这一载体，讲好中国故事，促进文明交流？

叶　涛　民俗文化是老百姓生活方式的体现，是最亲民的，也是最容易被

文化传承发展百人谈

59

279

其他民族、其他文化所感知、所接受的。数千年来，中国的民俗文化和其他民族的民俗文化，始终存在交流交融的过程。比如，我们很多民俗事象历史上曾传入日本、朝鲜半岛、东南亚等国家和地区，经过融合后，又成为当地民俗文化的一部分。另外我们还注意到，历史上以下南洋为代表的走出国门的华人，当年都是带着家乡最有代表性的民俗文化走到海外，在当地落地生根，和地方文化融合在一起，形成了今天看到的华人社区文化，这些都是民俗文化的海外传播。

所以中华优秀传统文化走出去，民俗文化可以发挥重要作用。当前国际社会对中国的关注度越来越高，他们想了解中国，想知道中国人的世界观、人生观、价值观，想知道中国历史传承、风俗习惯、民族特性。我们在尊重其他文化的前提下，对我们自己的文化要有充分的自信，要有充分的骄傲，同时把我们的民俗文化研究好、保护好，原原本本地展现出去，使其他国家的民众能够通过中华优秀民俗文化理解中国文化，理解今天生活在中国大地上的这些人。

（王国平）

文化传承发展
百人谈

60

提 要

● 不一样的风景、不一样的人、不一样的方言，中华文化是多姿多彩的，它们串联起来形成一个完整的中华文化链条

● 作为一个身处中西方文化之间的桥接个体，需要在翻译时尽量保持文本的原意，同时又为其引申含义留下阐释空间，这样才能让跨文化读者通过注解理解文本的多层韵味

● 文化始终处于动态的演进过程中，不断对事物作出全新诠释，并改变人们看待事物的方式。所以我们要不断革故鼎新，保持中华文化旺盛的生命力，让其吸引更多"圈外人"

● 让中华优秀传统文化走出去还有一个关键，就是对外发声的"voice"。当我们将这一切具象到人与人之间的沟通时，"voice"可以理解为"你的声音""你说话的方式"以及"你发声时的态度"

● 持续保持开放的姿态拥抱世界，让更多的"外来者"自发讲出他的中国故事是非常明智的举措

比尔·波特

美国当代作家、翻译家、著名汉学家

　　比尔·波特（Bill Porter），美国当代作家、翻译家、著名汉学家。1970年进入哥伦比亚大学攻读人类学博士，机缘巧合之下开始学习中文，从此爱上中国文化。多年来，比尔·波特一直将翻译和旅行作为学习、生活和修行的方式。1989年至今，比尔·波特多次深入中国各地，以外国人的崭新视角、旅行家的探索精神，写下大量介绍中国风土人情和文化古迹的著作。目前，比尔·波特已出版《空谷幽兰》《黄河之旅》《寻人不遇》等与中国文化相关的书籍30多本。

在革故鼎新中，
让中华文化吸引更多 "圈外人"

一本《空谷幽兰》为比尔·波特赢得 "美国徐霞客" 的称号。

这些年来，他踏遍中国千山万水——终南山深处，寻访喧嚣之外的隐士文化；僻静乡间，找寻千年前文人墨客的遗迹；滔滔黄河畔，感受中华文化的奔腾不息……这些旅行经历，落到他笔下，变幻成轻松幽默、妙趣横生的文字，吸引了大批读者。

旅行者、作家之外，比尔·波特更是一名翻译者。他是《寒山诗集》第一位英语全译本的译者、第一位翻译韦应物诗作的外国人，这些年来他将近2000首中国古诗译成了英文。

"As I turned my head, she was there where the lantern light was faint....（蓦然回首，那人却在，灯火阑珊处……）" 近日，接受记者远程采访时，通过摄像头，大洋彼岸的他用英文朗诵完辛弃疾的词后，忍不住感叹："旅行是我创作的源头活水，也是我亲近中国文化的独特方式。而翻译是我生活、学习和修行之'道'，翻译中国古典诗词时，我更像一名舞者，与原作者'起舞'，与博大精深的中华文化'共舞'，并寻找其根基所在。"

◆ 一次偶然，迷上中国传统文化

20世纪40年代，比尔·波特出生于美国洛杉矶的富商之家。见识了财富带来的能量及特权后，他早早就明白，那不是他想要的生活，因为"看到的很多人都戴着面具，不真实"。而他自己，总是被孤独吸引。"有时，我愿意躺在树下凝视着树枝，树枝上的云彩，以及云彩之上的天空……只有独处时，才会更清楚地意识到，我们与万物同在。"后来，一度管理过52家酒店的父亲破产，比尔·波特如释重负，开始寻找精神上的自由。1970年，比尔·波特进入哥伦比亚大学攻读人类学。为申请奖学金，原本对中国文化毫无兴趣的他决定修学中文课程。结果，就是这次偶然的选择，让他迷上禅宗，爱上中国传统文化。两年后，他放弃读博，带了200多美元启程前往中国台湾。

在台湾期间，从佛光山寺到海明寺再到阳明山，他每日打坐、早课、晚课。空余时间，他就看书、读诗，中英文对照着读，中文进步很快，让他动了将中国的诗歌翻译为英文的念头。

翻译的初衷来源于发自心底的热爱。他用中西方绘画作品的不同进行比喻："西方文艺复兴时期的画作，每一部分都是有颜色的，是实的。但中国的山水画，总是空空的，要我们自己去琢磨。中国诗词也一样，它们不会说太多，需要读者自己去填充其中的空白。"同时，由于中国诗歌可以用很少的篇幅，比如五个或七个音节，就可以表达很多不同的意境，"这是英文做不到的。"

第一次试水，比尔·波特就将目光锁定唐代诗僧寒山。"'一住寒山万事休，更无杂念挂心头。'寒山是一位伟大的隐士，从他看似简单的诗里，我仿佛看到令人向往的古人的生活，也读出所谓的'道'以及一些超越语言文化的精神。"比尔·波特给自己起笔名叫"赤松"，"中国人喜欢红色，我最喜欢的树是松树，那我就叫赤松吧。"那段时间，周末时，他是比尔本人，在山下的咖啡馆里，与朋友谈论文学与诗歌。但周一至周五，他就隐居山上，打坐、翻译。与之前的翻译相比，比尔更注重诗歌的言外之意，"语言只是窗户，你得透过它，看到它后面的东西，才能译得准确。"

1983年，比尔翻译的《寒山诗集》问世。因为风格轻松、清新，有人评价："像是日常对话，通透畅达，引发读者交流和接受，体悟意蕴。"

翻译完《寒山诗集》，比尔又开始翻译中国古代隐士拾得、丰干、石屋的诗。比尔开始追问：在中国，还有寒山或石屋这样的人在山里修行吗？他决定亲自去弄个明白，到中国寻找隐士的念头开始萌生。

◆ 一次寻旅，开启中国文化之旅

"寻隐之旅"的成行，源自一次相遇。

婚后，比尔·波特到台湾一家英文电台谋得一个职位。采访中，他认识了台塑集团掌门人王永庆的长子王文洋。听说比尔·波特有想去寻找隐士的愿望，王文洋欣然出资相助。

1989年，比尔与摄影师史蒂芬·约翰逊一起踏上"寻隐之旅"，"我找出自己的旧背包，让人钉上新袋子。同时我也开始仔细研究地图，尤其是那些注明人口密度的地图。我不知道到哪里去找隐士，但是我猜想，如果还有隐士，那么他们一定会在山里。"

从北京到恒山，再到五台山……比尔一路向南，终于在西安附近的终南山看到"在云中，在松下，在尘世外"的隐士们。他们过着最简单的生活——自己种土豆、蔬菜，吃松树的松针和花粉，"或承担深重的孤独与贫寒，或在寺庙里忍受着游客喧嚣，琐碎杂务，或者疾病缠身"。但他们灵魂深处的纯粹和坚定深深感动着比尔，"隐士传统之所以能够延续，是因为中国人一向尊重过去，而隐士则保持了那个'过去'最重要的因素——它的精神传统。"比尔决定，要写一本书告诉外国人，数千名修行者在终南山上，过着和一千年前差不多的生活。

翻开《空谷幽兰》，一幅手绘的关中地图出现在记者眼前，那是比尔用脚步丈量过的地方。隐士的天堂、月亮山、举世皆浊……之后的12章里，比尔用平淡质朴的语言，写出了一个个动人心弦的隐士故事。《空谷幽兰》出版后，很快引发西方读者对隐士文化的关注，"无论我在哪里演讲，听众既有学院的学者，也有来自社区的普通居民。我在美国从没有遇到对此不感兴趣的人。"而这本书对中国读者的意义，比尔这样评价："希望它能像鼓励西方读者那样，鼓励中国读者追寻并找到生活中'独处'的乐趣——不是离群索居，而是因为更深的觉悟和仁慈，与大家更为和谐地共处。"

比尔·波特出版的著作

　　1991年的黄河之旅、1992年走访彩云之南和丝绸之路……"寻隐之旅"后，比尔在中国的旅行一发不可收。其中，最广为人知的是黄河之旅——从黄河入海口一直走到它的源头。渤海岸边一去不返的寻仙船、孔子墓上高高的蒿草、函谷关传奇的羊肠小道、壶口瀑布的地动山摇、一眼望不到头的沙漠，"还有我拿出家人照片时围拢过来的人群，他们那黑色的头发黑色的眼睛。"一路上，不一样的风景、不一样的人、不一样的方言，让比尔发现，中华文化是多姿多彩的，它们串联起来形成一个完整的中华文化链条。

　　旅行结束后，比尔将自己的所见所闻做成了240期电台节目；之后，节目文稿被改写为《黄河之旅》。这部游记详尽记述了他5000公里行程中

比尔·波特出版的著作

经历的风风雨雨。书的最后，他不禁感慨万千："在这条河边，中华文明从5000年前开始发轫；在这条河边，中华儿女创造了空前的辉煌；在这条河边，中国人形成了强烈的民族认同感和自豪感。"

◆ 一瓶威士忌，致敬时光中的诗人

一个黄布袋、一瓶威士忌、三个酒杯……10多年来，比尔·波特跨越时空距离，在旅行中寻找中国古代诗人，他说："在中国旅行，宛如穿行于历史之中。"

2012年8月，比尔从孔子的故乡山东曲阜出发，经过西安、成都等地，最后到达浙江天台山。一路上，他探访孔子、李清照、白居易……每找到一位古代诗人的墓地或纪念碑，他就掏出酒杯，倒上几杯酒，一杯敬天地，一杯敬逝去的诗人，一杯敬自己。

让比尔难忘的是，他所拜访的诗人墓地区别很大。在西安的司马村，一位老人带着他穿过一排砖混结构的房子，大约走了100米，穿过豆角地、茄子地、玉米地、洋葱地，最后他们在一座大坑前停下，那是唐代诗人杜牧的墓地。他倒了一杯酒，自己喝了一口，把剩下的酒洒在土坑里，大声朗读起杜牧的《清明》。比尔感慨："这些诗人的墓地有的简陋，有的宏伟，但他们的诗歌却流传下来。那些诗并不会专属于富商或者高官，诗歌可以超越财富和权力，它直入人心，甚至能让人达到一种忘我的境界。"

2017年，比尔又开始对苏轼和陶渊明的追溯之旅。他沿着苏轼的南贬路线，从江苏常州南下至广东、海南。苏轼在最后的时光里，向往陶渊明"采菊东篱下，悠然见南山"的田园生活。因此，比尔返回江西，在庐山脚下的陶渊明归隐之地结束自己的行程。"嗟我亦何为，此道常往还。未来宁早计，既往复何言。"在江西省九江市德安县吴山镇蔡河村，一座未得到学者共识的陶渊明墓碑前，他斟满一杯酒，吟诵苏轼的《和陶饮

酒》，"献上我对这位偶像的无比崇拜和感激。我也和苏轼、陶渊明一起干上一杯。"

这些寻人而不遇的经历，被比尔写进了《寻人不遇》《一念桃花源》两本书中。

而今，比尔在美国西雅图一个叫汤森港的小镇上过着田园式的退休生活，"耕种自家的菜园，采摘丰收的果实。我还喜欢在海边的山上散步，跟邻居鹿儿们说早安。"也许，对他来说，这里就是他的"空谷"。

比尔·波特出版的著作

翻译中国古典诗歌就是一场寻"心"之旅

寻心之路：

从隐逸到豪放，从寒山到苏轼、辛弃疾

记　者：很多中国读者是通过《空谷幽兰》第一次接触到您，您为什么会如此关注中国古代的隐士群体？

比尔·波特： 刚接触中华文化时，我觉得它是一个宏大而又晦涩的主题，难以找到切入点。就在困惑之时，我借住的台北海明寺主持悟明法师交给了我一本《寒山诗歌集》，他对我说："比尔，你可以试试翻译这些诗句。"

寒山是中国唐代著名隐士。他屡试不第，30岁后隐居于浙江东部的天台山。"寒山深，称我心。纯白石，勿黄金。""众星罗列夜明深，岩点孤灯月未沉。"还记得当时，我看到那些清丽的句子时，很难相信在诗歌繁盛的唐代，能有这样近乎白话的诗句。

之后，我开始被中国古代的隐士群体所吸引。我发现，在中国历史上，隐士这个群体始终存在：他们吃得很少，穿得很破，睡的是茅屋，在高山上垦荒，说话不多，留下来的文字更少。看似他们与时代脱节、默默无闻，但实际上，他们中很多人都在整个社会发展中扮演着重要的角色。比如，黄帝是从两个隐士那里，学会了怎样战胜敌人和延年益寿的；尧也曾略过了自己家族的成员选择隐士许由作为自己的继承人；东晋诗人陶渊明被放逐后，选择"采菊东篱下，悠然见南山"的田园生活；唐代诗人王维也曾隐居终南山，在那里"行到水穷处，坐看云起时"。

我们可以发现，隐士是中国文化中非常特殊的一群人，他们以自己的方式体验和理解世界，这种体验和世界各国的隐士文化形成鲜明的对比。我与中国隐士群体之间的"缘分"真的很奇妙。后来，正是对隐士的追寻开启了我对中国古典著作的译著之路。从此，我开始醉心翻译，沿黄河逆流而上，探访中华民族的发源。这便促成了后来《禅的行囊》《黄河之旅》《彩云之南》等多部游记。

记　者： 听说您正在翻译辛弃疾的诗集，从早年关注寒山、李清照的禅意婉约，到如今的豪放舒朗，您的关注点为何会发生这样的变化？

比尔·波特： 在外人看来，我的关注点发生了变化，但在我看来，关注点并未发生变化。翻译中国古典诗歌，是一场寻"心"之旅。

或隐逸，或婉约，或豪放，此番种种皆是外"相"。而我始终找寻的是一颗直面人生的"赤子之心"。

当年在济南辛弃疾故里，我读到"少年不识愁滋味"时，就喜欢上了辛弃疾。他最打动我的，是他用"赤子之心"书写的"词"与"律"。

辛弃疾少时起兵征战，中年游历辗转，暮岁扼腕释然。这样的经历、寂寥与疏阔并存的内心构成了辛弃疾"词"的豪放。

更吸引我的则是辛词之"律"。诚然，时隔千年，稼轩居士所谱曲调早已散佚，但仅从文本中我们仍能领略到他对音律的深刻理解和巧妙运用。而这种乐感，让我体会到了他豪放之中的寂寥、豁达之外的幽默。

写沙场点兵的慷慨悲壮，辛弃疾特意选用平声韵的词牌《破阵子》，平声韵低回悠长。"八百里分麾下炙""马作的卢飞快""了却君王天下事"每阙首句尾字皆用去声字，如阵阵军鼓，铿锵有力，捶击读者心房。而他对于词牌《贺新郎》的运用，有时会将七字句拆分为三字一句、四字一句的两个短句；有时则会用到三字句至八字句不等的形式，这让词作在节奏上跌宕多变，宛如一曲爵士乐——西装革履下，是笑看一切的不羁与玩味。

记　者：我们了解到您正在写作一本关于苏轼的书，您为什么想将他介绍给西方读者？

比尔·波特：东坡先生是我的英雄。他初贬黄州，再徙惠州，终至儋州——
　　　　　　宦海沉浮三十三载，天涯颠沛，他却心如砥柱，壮志犹怀。
　　　　　　耕读自给，与民同乐，笔耕不辍，教化育人。同命运的抗争与自我的救赎，是一个普世命题，但苏轼选择的方式，却有着中国式浪漫——所谓"恕"，便是以帮助他人，实现自己与命运的和解。

所以当出版社询问我是否愿意写作一本关于苏轼的书时，我欣然接受了。在这本书里，他的一生将是故事的主线，而诗歌则是他人生旅程中的一束光。我非常希望将这颗兼济天下的至诚之心介绍给西方读者。当然，这也将是一个巨大的挑战——我需要在西方视角下阐释天下大同般集体主义的利他性如何成为自我救赎的手段。

与心共舞：
译著是与原作者"合跳"一支舞

记　者： 在您看来译著的要义是什么？

比尔·波特： 关键在于一个"诚"字。所谓"诚意正心"，首先是对自我的"诚"。比如，我的中文名"赤松"，是我进行翻译时才会使用的笔名。这就像一个小小的仪式——当我开始翻译时，我不再是比尔·波特，我只是赤松。我需要将自我收敛到最小的程度，去理解不同语言之间的奇妙转换。其次是对于文本的"诚"。作为一个身处中西方文化之间的桥接个体，需要在翻译时尽量保持文本的原意，同时又为其引申含义留下阐释空间，这样才能让跨文化读者通过注解理解文本的多层韵味。

比如在翻译辛弃疾的《青玉案·元夕》时，我将"众里寻他千百度，蓦然回首，那人却在，灯火阑珊处"直译成了一个寻而复得的爱情故事。这既能让读者直观感受到这位仗剑词人的浪漫情怀，也为"香草美人"的隐喻留下注释空间。

记　者： 不仅是中国古典诗歌，您也翻译过《道德经》等经典，在您看来，如何才能将这些文本中的深层含义传达给西方读者？

比尔·波特： 语言就像一棵大树，有着庞大的根系。我们日常的交流用语，处在根系最浅表的位置，脉络简单，清晰明了。但当你深入挖掘就会发现，这些树盘根错节，还有很多始终隐藏在泥土磐石之下。这就像中国古典诗歌，它们在文本之下，埋藏着丰富的含义等待挖掘。

作为一名翻译者，如何在不破坏文本意蕴进行阐释性直译的同时，将这些隐喻带入西方语境可以理解的范畴？《诗大序》言："在心为志，发言为诗。"翻译者就需要回到这首诗的原点，回到作者在动心起念写下这首诗的前一瞬，去找寻诗人"词意在心"阶段的所思所想。

这就像与原作者"合跳"一支舞。这样的"共舞"，让我仿佛可以穿越时空，以文字为媒介，同古代先贤成为朋友，这也让我翻译的文字拥有了近似于原文的气质——他是一名中文"舞者"，我是一名英文"舞者"。作为舞伴，我不可能成为他的复制品，就像我不可能变成一个中国人。但我可以体会他的舞步，跟上他的节奏，传达出与他的舞姿一样的情绪。

连心之声：
用开放之声打开探寻之门

记　者：我们应当如何让中华优秀传统文化更好地走出去？

比尔·波特：文化始终处于动态的演进过程中，不断对事物作出全新诠释，并改变人们看待事物的方式。所以我们要不断革故鼎新，保持中华文化旺盛的生命力，让其吸引更多"圈外人"。

同时，在我看来，让中华优秀传统文化走出去还有一个关键，就是对外发声的"voice"。当我们将这一切具象到人与人之间的沟通时，"voice"可以理解为"你的声音""你说话的方式"以及"你发声时的态度"。

对于中华文化圈外的"局外人"而言，传播者的情绪态度，讲述的方式都会影响到传播的效果。那么如何把握其间的分寸？结合自身经历，我认为像我这样的桥接群体，可以起到很好的桥梁作用。引用苏轼的一句诗——"不识庐山真面目，只缘身在此山中"。对于原生文化，我们常常因为身在其中而难以自明。而在跨文化传播中，有着多重文化体验的桥接群体，则可以在多种文化的比较中，更好找到自身文化的坐标，也能解决好跨文化传播中三个关键问题，即讲什么故事？谁来讲故事？如何讲好这些故事？

所以，持续保持开放的姿态拥抱世界，让更多的"外来者"自发讲出他的中国故事是非常明智的举措。就像寒山的诗句为我打开了研究中国文化的大门并让我终生致力于此，中华文化这一璀璨的宝库，也能让更多"圈外人"发现自己的志趣所在。

（段玉清　王晋朝）